现代高校教育
管理模式的创新研究

郄昆才　任洪艳　李　婷◎著

吉林出版集团股份有限公司
全国百佳图书出版单位

图书在版编目（CIP）数据

现代高校教育管理模式的创新研究 / 郄昆才，任洪
艳，李婷著. -- 长春 ：吉林出版集团股份有限公司，
2023.5

ISBN 978-7-5731-3316-8

Ⅰ. ①现⋯ Ⅱ. ①郄⋯ ②任⋯ ③李⋯ Ⅲ. ①高等
学校－教育管理－研究 Ⅳ. ①G640

中国国家版本馆CIP数据核字(2023)第080244号

XIANDAI GAOXIAO JIAOYU GUANLI MOSHI DE CHUANGXIN YANJIU

现 代 高 校 教 育 管 理 模 式 的 创 新 研 究

著　者	郄昆才 任洪艳 李 婷
责任编辑	田　璐
封面设计	朱秋丽
出　版	吉林出版集团股份有限公司
发　行	吉林出版集团青少年书刊发行有限公司
地　址	吉林省长春市福祉大路 5788 号（130118）
电　话	0431–81629808
印　刷	北京昌联印刷有限公司
版　次	2023 年 5 月第 1 版
印　次	2023 年 5 月第 1 次印刷
开　本	787 mm×1092 mm　1/16
印　张	10.5
字　数	236千字
书　号	ISBN 978-7-5731-3316-8
定　价	76.00元

前　言

　　高等教育管理是影响整个高等教育发展的关键因素。要研究我国高等教育管理的历史和现状，就必须聚焦高等教育管理研究及其理论的发展状况，只有大力推动并发展我国高等教育管理理论研究，才能使其更好地服务于高等教育。21世纪以来，高等教育在国家发展战略中的地位越来越突出，高等教育在经济社会发展中的作用也从间接推动转变为直接拉动，经济和社会发展比任何时候都更加依靠知识的更新、人民素质的提高、科技的创新及教育的发展。因此，世界各国均对高等教育改革予以高度重视。

　　随着党和政府对教育事业的高度重视和投入的加大，高等教育得到了快速发展。目前，我国已成为世界上高等教育在学人数最多的国家。如何树立以提高质量为核心的高等教育发展观，全面提高高校人才培养质量、科学研究水平、社会服务能力和文化传承创新能力；如何树立与高等教育大众化相适应的高等教育质量观、实施重大发展项目，既着力培养拔尖创新人才，又大量培养应用型、复合型、技能型人才；如何提高高等教育国际化水平，提高高等教育管理水平，带动高等教育质量全面提高等诸多新情况、新问题为新形势下高等教育发展带来了新挑战。

　　近年来，随着我国社会主义市场经济的发展与社会改革的推进，我国高等教育管理工作也面临着新的挑战。在传统的高等教育管理体制中，高度集中、高度统一的行政化管理理念和管理模式已经不能适应高等教育形势的新变化，成了阻碍高等教育进一步发展的重要因素。所以，转变高等教育管理方式，建立新的管理理念和管理模式，研究新时期高校教育管理具有重要的理论与现实意义，是高等教育在未来谋求长足发展及内涵提升的必经之路。

　　由于笔者水平有限，本书难免存在不妥之处，敬请广大学界同人和读者给予批评指正。

目　录

第一章　高等教育概述 ·· 1

　第一节　全球化与高等教育 ····································· 1

　第二节　知识经济与高等教育 ··································· 8

　第三节　新公共管理运动与高等教育管理体制 ··············· 19

　第四节　市场经济与高等教育管理体制 ····················· 26

　第五节　高等教育发展趋势 ···································· 31

第二章　高等教育管理概念解析 ······························· 42

　第一节　高等教育管理目标 ···································· 42

　第二节　高等教育管理规律 ···································· 50

　第三节　高等教育管理原则 ···································· 55

第三章　高等教育管理的本质与功能 ··························· 64

　第一节　高等教育管理的基本概念 ····························· 64

　第二节　高等教育管理的特点 ·································· 68

　第三节　规划与组织功能 ······································ 71

　第四节　控制与协调功能 ······································ 75

　第五节　高校大学生教育管理的现状 ························· 84

第四章　教育管理的管理科学理论基础 ························· 87

　第一节　古典管理理论 ·· 87

　第二节　行为科学管理理论 ···································· 91

　第三节　现代管理科学理论 ···································· 97

第五章　高校管理模式创新分析 ······························ 113

　第一节　融入开放性的思想 ··································· 113

　第二节　提升教育服务意识 ··································· 115

　第三节　创新管理方式 ······································· 121

　第四节　坚持"以人为本"的理念 ····························· 124

　第五节　"以人为本"的高校学生管理模式 ····················· 128

　第六节　目标设置理论下的高校学生管理模式 ················· 135

第六章　新生代大学生的教育管理策略 ·· 139

　　第一节　更新大学生教育管理理念 ··· 139

　　第二节　创新大学生教育管理方法 ··· 145

　　第三节　拓展大学生教育管理途径 ··· 151

参考文献 ·· 161

第一章　高等教育概述

几百年来，高等教育的职能、结构、内容都发生了许多变化，每次变化都与社会的政治、经济、文化变化密切相关。

为此，我们需要打造一批高水平的高等学校，更需要建立促进高等学校主动适应社会发展的体制与机制，培养具有中国特色的高素质人才。

我国现代高等教育是以 1895 年北洋学堂（今天津大学）的创办为起点，时至今日已有 100 多年的历史。处在当今变革时代的大背景下，高等教育从来没有像今天这样受到诸多方面的挑战，在全球化浪潮的冲击下，知识经济的兴起、市场经济的建立、新公共管理的实践都使得高等教育正在向更密切的外部联系和更复杂的内部结构的方向演变。高等教育的本质、内容、形式、理念等也在发生深刻的变化。

第一节　全球化与高等教育

全球化作为一种新的现象，是 20 世纪末期以来整个世界范围内正在发生的一个巨大变化，它对人类社会的许多方面都产生了深远的影响，受到全世界的普遍关注。最初以世界经济一体化为外在表现和终极目标，随着全球化潮流的推进，逐步波及思想文化、价值观念、意识形态乃至人的发展等人类社会生活的各个领域，从而衍生出了高等教育全球化的话题。

一、全球化的内涵

"全球化"一词，是一种概念，也是一种人类社会发展的现象过程。对于什么是全球化，迄今并没有统一的定义。一般认为，全球化是指超越民族国家界限、在全球范围内发生的相互融合的现象，包含经济、政治、社会、文化等多方面内容。不同领域的人对全球化有各自不同的理解，甚至存在明显的分歧和争议。从目前国内外理论界关于全球化的概念来看，我们可以了解到政治、经济、文化、技术、信息、历史、地理、文明等方面的众多见解，每一种见解都揭示了全球化的某种质的规定性，但每一种见解又不足以概括全球化的总貌。

因为全球化是一种十分复杂的现象，它既是一种状态，更是一个过程；它既突出地表现在经济、政治领域，也反映在文明、文化领域；它既是物质层次的，也是精神层次的；它既是人类社会系统中各单元要素的同构，也是同构中各单元要素的确证。因此，我们对全球化只能以描述的方式加以表述，将之看作全球范围内各地域、各国家、各民族之间联系的日益紧密和相互作用的日益加强，从而影响和改变着人类的运动方式，特别是生活方式和思维方式。

全球化现象最早始于 20 世纪 40 年代末的经济领域，由于经济全球化最为明显，因此全球化通常是指经济全球化。经济全球化首先是以部分国家将部分经济权利为共同利益而让渡给经济一体化组织，根据共同利益，按照一定的规划来行使权利，最典型的经济一体化例子是欧盟。

1951 年，法国、联邦德国、意大利、荷兰、比利时和卢森堡 6 国政府在巴黎签订了为期 50 年的《欧洲煤钢共同体条约》，建立了煤钢联营，1957 年《罗马条约》签订，1958 年欧洲共同市场诞生，此后欧洲在经济一体化的道路上努力前行，经济实力与美国相当。20 世纪 90 年代，欧洲形成大统一市场，1999 年欧洲货币交付使用，欧盟在经济一体化的道路上更进一步。

与此同时，北美的美国、加拿大、墨西哥组成的北美自由贸易区，南美洲的秘鲁、智利等 5 国组成的拉美经济共同体，东南亚多国组成的"东盟"都是经济一体化的代表。

而国际和地区经济组织也日益发挥越来越重要的作用。1945 年成立的国际货币基金组织，正日益成为金融领域超国界的主导者。1947 年签订的关税与贸易总协定（GATT）和 1995 年 1 月 1 日取而代之的国际贸易组织（WTO）通过制定与落实国际贸易规则，发挥着越来越广泛的作用，涉及与贸易相关的一切领域。此外，亚太经合组织等地区性组织也发挥着越来越重要的作用。

20 世纪 80 年代以来，由于科学技术的突飞猛进，特别是现代通信及信息网络、大规模现代化运输工具的发展，跨国公司的生产和投资活动拓宽到全球范围。跨国公司是经济全球化的主体，其生产和投资活动的全球化，带动了资金、技术、信息、人力资源等生产要素在全球范围的流动和向全球服务的扩展，促进了资源在全球范围的有效配置，最终形成了全球一体化市场。

因此，国际货币基金组织（简称 IMF）将全球化概括为通过贸易、资金流动、技术创新、信息网络和文化交流，使各国经济在世界范围高度融合，各国经济通过不断增长的各类商品和劳务的广泛输送、国际资金的流动以及技术更快、更广泛的传播，形成相互依赖的关系。

经济全球化过程自然不是全球化的全部，由于经济过程离不开与之相适应的制度、文化和权力结构及其演变，因而全球政治、社会、文化等也逐渐开始发生相应的变化。

伴随经济一体化进程的是政治一体化。从第二次世界大战之后的两大合约组织：北大西洋公约组织和华沙条约组织到华约解体之后的欧盟、东盟、非盟等集经济一体化组织与政治一体化组织于一身的地区性政治组织在国际政治事务中的作用日益明显。而战后成立的联合国及其所属安理会、联合国经济和社会理事会（简称"经社理事会"）等在国际政治经济事务中的地位也越来越高。

从国家关系的角度来说，全球化是对传统民族国家的挑战，表现为国家界限的突破，国家和其他政治力量的整合和重组，部分国家权力的丧失。一些超越国家的政治经济组织，如欧盟、七国集团、亚太经合组织等，在协调国家利益方面，发挥着日益重要的作用。

20世纪末开始的以互联网为代表的信息技术，使各国政府、各国人民之间的联系日趋密切。以跨国公司为推手的经济全球化，以金融创新为主体的金融技术因素所导致的金融全球化和以信息技术拉动的信息全球化，最终推动经济全球化和政治全球化。随着人类的互动程度越来越高，联系越来越密切，全球化成为一种不可逆转的趋势，是世界历史的一大进程。

二、全球化对高等教育的影响

全球化对高等教育及文化等领域的交流与发展也产生了深刻影响。各国通过教育的国际交流、教学和科研合作、跨国办学、扩大留学生规模等手段，提高本国高等教育在国际范围内的竞争力，争夺全球范围内的人力资源。21世纪初世界各国纷纷调整本国的高等教育发展战略，力争在全球的教育市场中发挥重要作用。

潘懋元先生在论及教育的外部规律时认为，教育一定要适应社会的发展。"适应"有两层意思：一是制约，二是服务。制约因素主要体现在政治、经济和文化三个方面，因此我们可以从以下三个方面了解全球化对高等教育的影响。

（一）政治层面

全球化对政治的影响明显体现在政治权力的扩散、联合和多层管理等新型国际关系中。第二次世界大战后，在环境保护、经济增长和维护和平等很多方面的问题都超出了任何单个国家力所能及的范围，因而许多国际的和超国家的组织，如联合国、欧盟、绿色环境保护组织等相继成立，并对国家内部的传统政治组织带来了挑战，使得政治舞台的构架超越了民族国家。国家直接介入市场和社会的模式逐渐由向社会和经济发展提供制度保证和宏观调控的新机制所取代，这种角色变化也体现在高等教育中。

从历史上看，国家的一个重要作用是为高等教育制定规范，而相关政策则直接体现了高等教育在国家发展中的优先地位。从20世纪50年代末到70年代初，国家在保持高等教育与社会发展的一致性方面担负着主要责任。到20世纪70年代之后，除国家的愿望外，社会需求也对高等教育寄予更多期望。在此背景下，高等教育不得不充分考虑不同社会群体的利益，因此高等教育政策方面也体现出了权力、利益和联盟的变化。

有时政策直接来自政治考虑，有时则反映社会的现实需要，多数情况是两者的结合。面对两种影响，无论是国家还是高等教育部门都需要改变传统的管理和运行模式，引入新的市场机制，构建新的国家、社会和高等教育间的关系。其中，社会以市场为媒介与高等教育实现互动，其作用日益重要。

为此，国家在完善市场，特别是跨国市场管理规则的同时，也必须制定涉及高等教育和社会互动的适当政策，提供适宜的制度环境。在全球化的背景下，国家对高等教育的领导主要是宏观调控、政策引导。

（二）经济层面

全球化促进了时间和空间的压缩，进而促进了商品、资本、劳动力、服务和信息的国际化流动，并导致新的劳动力划分，国家与市场之间的权力变化，跨国界的生产系统和激烈的国际竞争。在这种新的经济模式下，经济的网络化、全球化和知识化产生强烈冲击，并更新了传统的产业结构，导致劳动力结构的重新划分和对劳动者技能的新要求。所有这些，都从社会需求的角度迫使高等教育进行根本的改革。

1. 高等教育与经济发展

对国家而言，国际经济竞争不能永远只是依赖廉价劳动力和低成本的制造业，必须同时发展知识含量高、产品附加值高的制造业和服务业。为此，各国在制定政策时都把提高其人力资源的质量摆在重要位置，以期在全球经济竞争中赢得最大利益，因而高等教育已经成为国家经济发展的关键所在。

在新的高知识含量和高附加值生产系统和提高生产力、竞争力渐成主题的经济形势下，劳动者依照其接受教育的多少和质量高低，分为可自我设计的（高技能的）劳动者和普通的（低技能的）劳动者。尽管低技能的劳动力成本相对比较低，但商品的生产以及经济活动的决策越来越多地需要高素质、可自主创新的人员。经济活动中这两类劳动力之间的比例成为决定国家和企业国际竞争力的一个主要因素。

2. 增加接受高等教育的人数

要提高劳动者的素质，塑造出可自主创新的劳动者，更重要的是学校教育要满足社会对劳动者技能不断提高的要求，包括那些能使年轻人适应不断变更的工作环境的能力、社会交往能力、处理信息能力、团队工作能力以及运用所掌握的知识和信息在不同环境中解决新问题的技能。

因此，传统的高等教育和大学学习方式正面临严峻挑战。大学仍然是教学和学习之地，但是学习本身的概念却已经发生了变化。学习不仅是获得定义、事实等现成的知识，更主要的是创造知识的过程。鉴于知识正在呈指数级增长，大学能给予学生最好的教育就是让他们学会学习，包括不断重新定义工作中所需新技能的能力，以及为掌握这些技能寻找和学习相关知识的能力。

3. 提供终身学习

经济全球化的另一个结果是制造业从业人数的减少，与信息相关的经理、专业人士和技术人员等从业人员和"白领"阶层的增加，使得服务业逐渐成为经济结构中的重要组成部分。除数量增长外，服务业的内容也在趋向以客户需要为中心，服务业的工作机构要依照工作任务、客户类型和项目对工作人员进行管理。为此，工作人员必须根据不断变化的工作需求，及时学习和熟悉新的知识和技术。服务业结构的这种变化将会结束"固定工作"或"长期工作"的观念，因为人们不仅要经常更换工作岗位和工作任务，甚至很可能更换他们的职业。

在这样的形势下，就业能力就不仅是找到一份工作的能力，更重要的是维持这份工作，并需要随时更换工作的能力，因而终身学习已成为社会的紧迫需要。高等教育不仅要为不同的职业筛选和培养人才，更要为人们今后不断变动的工作或职业打好基础和提供服务。

4. 高等教育中引进市场机制

全球经济竞争从一定程度上制约了国家的共用经费支出，为满足日益壮大的高等教育系统的需要，国家试图寻找其他的经费来源，而不是一味地增加教育公用经费。许多国家和地区在高等教育中引进市场机制并鼓励私立教育发展。另外，政府也尝试用扩大招生和调整院校结构等办法来提高教育资源的使用效率和效益。国家在把更多权力赋予高等院校的同时，也会要求高等院校承担更多的责任，包括分担教育经费的责任。

（三）文化层面

崭新的电子通信系统营造出全球范围内的虚拟社区。在此基础上，不同社会群体的兴趣、政府的政策、商业的运营策略等能更为便捷地传播，由此导致世界文化的广泛交流和融合。由于国际的共同利益和人类文化的交融性，世界文化正在趋同。例如，麦当劳文化已经被世界多数国家的民众接受。另外，通过全球性和本土文化间的相互影响和渗透，一种或显或隐的新的杂交文化正在形成。在此过程中，民族国家常常被夹在文化全球化和保持自身文化本色的对抗中。一些地方民族主义的复苏使得这种对抗张力不断升级。

近年来，不同国家和地区间的文化差异以及相互不理解导致的冲突和矛盾的例子屡见不鲜。为保障全球经济的正常发展，一个和平的政治环境是不可或缺的重要前提，为此，一个国家在保持自身文化本色的同时，理解他国文化和尊重和平现状就显得尤其重要。高等教育的文化功能之一，就是帮助人们认识不同民族文化的特性和人类文化的共性。全球化在文化领域对高等教育的影响远比其在政治和经济领域的影响复杂，因为世界文化的多样性大大超过了政治和经济模式的纷繁多样。

虽然与政治、经济相比，文化并没有在高等教育发展中起支配性作用，但它渗透到高等教育的方方面面，并且以潜移默化的形式，影响人们的价值观和意识形态。有学者称，文化传统或促进或阻碍高等教育的发展，取决于高等教育的需求是否与文化传统一致。例如，中国传统文化与高等教育需求有一致的方面，但也有不和谐的地方。诸如，"有教无类"的教育观，知行合一的教学观以及其他人本思想与高等教育的需求一致，而传统文化中的专制主义和"三纲六纪"以及"天不变，道亦不变"等保守思想与高等教育的需求相悖。在全球化背景下，这些因子不可避免地导致了中西文化的碰撞。这种交锋利大于弊。

真理是在不同思想交锋中确立和发展的。因此，在高等教育中，采取思想自由、兼容并包、百家争鸣、百花齐放的态度，是回应全球化挑战的必然选择。

全球化是全方位的历史性变革，在政治方面的影响引发了国家、社会和高等教育关系的重新定位，在经济方面的影响进一步表明了市场在高等教育中的价值，在文化方面的影响唤起了公民的自由意识和反思意识，有助于兼容并包的高等教育环境的形成。

与此同时，我们也应认识到，虽然多数国家都受到全球化观念的影响，但是由于每个国家的政治体制、经济结构以及文化传统各不相同，回应全球化趋势的方式也各有特色。目前，还没有任何一种模式的高等教育改革，可以完美地应用在两个以上的不同国家，这也是高等教育研究人员必须了解的。

三、全球化给我国高等教育带来的挑战

与世界高等教育的发展相比，我国高等教育起步较晚，但是发展迅猛，具有鲜明的中国特色。全球化对我国高等教育的冲击可以从经济全球化、文化全球化和科技全球化三个方面概括。

（一）经济全球化对我国高等教育的影响

经济全球化使人才市场趋向国际化，一个世界性的人才流动市场正在形成。由于经济周期的作用，未来我国大学生就业市场会随着全球经济周期的波动而波动。另外，发达国家或跨国公司为吸引和发展中国家的优秀人才尤其是高校的人才，将会制定优惠制度。这对目前缺乏市场化运作经验和人才的我国来讲，不啻是一大挑战。

1. 经济全球化对我国高等学校人才培养目标提出了更高的要求

我国高校的人才培养目标亟待调整。为适应全球经济一体化，大学生必须懂得国际上的有关经济规则，具备相应的经验和能力，才能在就业市场上取得成功。过去，我们高校的人才培养缺乏全球化的眼光，我们的毕业生缺乏走向世界的素质和才能，这对加入WTO后不断融入全球经济一体化的中国来讲非常不利。

2. 经济全球化对我国高校的教学内容和方法必然产生一定影响

由于目前全球化中通行的规则大都是由曾经主导、现在依然控制全球化进程的西方国家制定的，这些规则、制度、惯例、标准等不仅苛刻，而且不为我们所熟悉。我国高校有必要也应该及时改革教学内容和方法，让我们的学生了解这些规则、程序和技术标准，以适应我国参与全球化的需要。

3. 经济全球化将使我国高等教育投入的渠道多样化

如科研经费来源国际化。跨国公司为追求利润最大化，扩大影响力，会直接要求在我国投资办学或合作办学，开设研究所。另外，许多发达国家的非义务教育早已通过市场化来运作，他们适应市场的能力远远超过我们。这将促进我国一些高校加快与国际接轨的进程，但也对我国政府提出了一个如何从宏观上促进高等教育发展的新课题。

（二）文化全球化对我国高等教育的影响

当代多向的、多层次的文化互动冲击着各个国家、地区和个人。文化全球化进程不对等，其中也有许多不平等的互动，但其趋同性和多样性、世界性文化和民族性文化并存的规律依然在发挥作用。

高等学校是人类文化的传承地，文化全球化将使高校成为世界各国文化交流的中心，如翻译介绍外国文化、开设外国文化课程、互派留学生、建立各种文化宣传网站等措施，将促进我国社会主义文化的发展和创新，增加我国大学生对不同文化的理解和适应程度。但是，良莠不齐的文化信息将使大学生的价值选择和判断难度增大。

文化全球化意味着不同地区、国家和社会制度的文化、思想、观点、信息将在我国高校迅速传播；外籍教员、外国留学生人数将迅速增加，我国大学生与外国的交流将大量增加，大学生的视野将更加开阔，这对缺乏成熟价值观的大学生来讲，是一个严峻的问题。因此，过去我国高校单一集中的教育模式在多元文化环境里受到前所未有的挑战，如何创建和运用开放有序的校园文化环境来潜移默化地感染学生、教育学生，是值得我们教育工作者深思并需解决的问题。

在各国和地区联系日益紧密的过程中，全球化有可能巩固发达国家与发展中国家的中心—边缘地位，发展中国家对发达国家的经济依赖往往导致文化上的依赖。我国高等教育作为文化发展的先导和民族文化的捍卫者，在文化的发展中负有极其重要的责任。如果仅停留在对充斥各地的西方文化进行批判或对多元文化的赞美方面是不够的。

1.我们要将文化全球化和本土化更加有机地结合在一起，这是我国高等教育进行文化创新的一个重要课题。我国是一个历史悠久的文化大国，在全球化的机遇下，更应积极地向全世界介绍我国优秀的民族文化。

2.在我国确立社会主义市场经济体制的过程中，在全球化大潮的冲击下，我们应在社会主义精神文明原则的指导下，重塑中国现代文化，把优秀的西方文化和中国文化对接起来，形成"开放的、民族的、科学的、大众的"现代化的中华文化。只有这样"和而不同"，我们才能消除文化全球化过程中的负面影响。

（三）科技全球化对我国高等教育的影响

作为融入世界大家庭的一员，我们有必要从多角度运用多种理论和方法，认识并解决全球性的环境、社会、经济和政治等问题，从而有利于我们在国际舞台上的竞争与合作。这便要求我国高校设立跨学科的新专业，培养各类人才。

同时，我们还要关注和研究这些高新科技会对整个世界的社会结构、道德伦理、政治关系、法律体系、生活方式和人们的心理带来什么样的冲击和变革，我们应采取什么样的对策（如基因复制等问题）来维护我国的科技安全。

信息技术的迅猛发展使高等学校的教育与管理方式发生深刻变革，同时使虚拟大学（远程教育）的出现成为可能，远程教育将大大加快我国高等教育大众化和终身化，改变传统的高等教育模式，其意义非同一般；全球互联网也使全人类的优秀文化、科技资源真正可以共享，给我国不同地域（甚至偏僻农村）更多需要教育和培训的人提供了前所未有的机会。

如何根据现代信息技术的发展来整合教育资源，实现我国高等教育的大众化，如何处理现代信息技术背景下的师生关系，如何改革教学模式等问题，都有待我们去解决。

高等教育的发展不仅意味着数量的增加、质量与效益的提高，更意味着适应性的提高。面对全球化，我国高等教育应着眼于国际市场的供需状况，处理好全球化与本土化之间的关系，处理好保护、引进与输出的关系，合理地配置教育资源，调整专业设置、培养目标与课程体系，建立与国际接轨的高等教育质量认证制度，建立和完善我国高等教育市场体制，提高我国教育服务的竞争力。

第二节　知识经济与高等教育

知识经济的悄然兴起，既是一场巨大的经济转型，更是一场深刻的社会变革，必然对整个人类的价值观念、思维方式、生产方式和生活方式都将产生重大影响，也必然对高等教育产生全方位的冲击。知识作为高等教育的逻辑起点是联系高等教育与知识经济的纽带。

从教育的外部关系规律来看，知识经济引导和推动高等教育的改革与发展，高等教育的改革与发展又促进知识经济的发展，两者存在互动性。从教育的内部关系规律来看，高等教育的育人活动需要知识经济的物质保障，知识经济实现可持续发展需要高等教育育人活动的精神保证，两者存在互补性。

一、知识经济概述

知识经济这一概念的由来，最早可追溯到20世纪70年代，当时的美国未来学家阿尔文·托夫勒，曾经在他所著的《第三次浪潮》中提出："农业社会、工业社会至20世纪末以后将是后工业经济的社会，即信息社会。"1982年，奈斯比特在《大趋势》一书中，也提到了"信息经济"这一命题。1990年，联合国经贸组织进一步提出了"知识经济"的说法。1996年，世界经合组织在其发表的《以知识为基础的经济》的年度报告中做了明确的界定："知识经济是建立在知识和信息的生产、分配和消费之上的经济。"至此，"知识经济"一词才被广泛应用，并成为全球的焦点话题。归纳起来，"知识经济"有以下几层含义。（1）知识经济以现代科学技术为核心，是建立在知识和信息的生产、存储、扩散和应用上的经济；（2）知识经济是以知识作为生产力发展的最主要因素的经济；（3）知识经济是以高技术产业为支柱，以智力资源为依托的，兼顾长远利益的可持续发展的经济。

这几层含义虽然阐述的角度不同，但它们的本质特征却一致，都指建立在对智力资源（人才和知识）及其无形资产（信息、技术、发明和创造等）的占有和配置，以及对知识产品的生产、分配和消费基础之上的经济。

（一）知识经济对智力资源及其无形资产的占有和配置

知识经济实际上是指对各类人才、知识以及各种信息、技术、发明和创造的拥有和配置，它不同于传统农业和工业经济对稀缺自然资源（土地、石油等）的占有和配置。

人才可以通过交换和流动而被任何企业和单位所拥有；知识和无形资产可通过制成软件、产权转让或复制而被全世界的人同时享用；智力资源以及无形资产的配置，虽仍以市场配置为主体、以市场调控为机制，但它是借助计算机网络和有关媒体来完成的，因此其配置方式表现出更快捷、更有序和更合理的特点。

（二）知识经济对知识产品的生产

知识经济对知识产品的生产既包括对理论类和经验类知识产品的生产，也包括对技术类知识产品的生产。

1. 理论类和经验类知识产品

理论类和经验类知识产品是指能给高科技产业带来经济效益的各种思想、观点、信息、原理、发明和创造等，这些"无形产品"是在高校和科研院所中，通过对各种理论类知识和经验类知识的创新、总结、综合、筛选和加工后最终"生产"出来的，它们虽不以实物形式而存在，但凝聚了各种活劳动和物化劳动在其中，因此具有特殊的价值和使用价值，此类产品可以不断地再生产和复制。

2. 技术类知识产品

技术类知识产品主要是指像克隆技术产品、太阳能技术产品、受控热核聚变能技术产品和数码科技等"实物产品"。

这些产品在高科技产业中生产，通过把科学知识（或把理论和经验类知识产品）转化为技术和现实生产力并融入实物产品中而得到，此类产品更为轻型、附加价值更大、生产成本更低。

（三）知识经济对知识产品的消费（使用）

实际上，就是指对以上各类知识产品的消费或使用。关于理论类和经验类知识产品，具有可重复、可复制和可传播的特点，因此对此类产品的使用，在一定时期内会随使用次数的增加而增值，可以不断地再生产和不断地增值，但随着知识老化和更新周期的缩短，对这类知识产品的使用也有时限。

而对科技知识产品的使用，较之对传统商品的使用更为质优、耐磨、清洁和方便，它在较长的使用期内，不会因使用次数的增加而消失、转化和折旧。

从以上对知识经济的本质特征的分析来看，它是作为一种崭新的经济形态呈现在世人面前的，因此其产生、发展和繁荣，终将离不开对知识本身的创新和有效信息的积累与利用，而知识创新又必须以高等教育的发展为依托，两者互相促进，共同发展。

二、知识经济与高等教育的相关性

知识经济是以知识为战略主体的经济，是以信息化、网络化为发展基础的经济，是以创新为内在动力的经济，是以人才为关键要素的经济，是以高科技产业为支柱产业的经济，是以科技园区为新的社会构成要素的经济。这些特征决定了它与教育，尤其是高等教育之间必须具有极为密切的相互信赖、相互促进的关系。

高等教育不仅孕育了知识经济，而且成功地推动了知识经济的发展。与此同时，知识经济的发展也进一步推动着高等教育的革新与发展。时代的发展需要创新，知识经济在创新中不断对高等教育提出新要求；高等教育在不断地改革与创新中，适应和促进知识经济的发展；两者正是在这种相互依存、相互促进的过程中，形成了一种良性互动关系，共同推动了人类社会的进步与经济的繁荣。

（一）知识经济与高等教育的关联性

从高等教育的逻辑起点分析，知识经济与高等教育具有紧密的关联性。

1. 知识是高等教育的逻辑起点

这是高等教育与知识经济联系的可能性。任何一门学科都有一个相对独立的逻辑起点，该门学科的内在规律都围绕该逻辑起点运行，如经济学以商品为逻辑起点，生物学以细胞为逻辑起点，教育学是以知识为逻辑起点，高等教育学作为高等教育科学的理论形态，同样也有一个逻辑起点，这个逻辑起点不是其他，而是知识，只是这种知识相对于普通教育的基础性知识来说具有专业性。

也就是说，这种知识没有本质上的变化，只有程度上的变化，而且这种程度只是相对的、历史的，不是绝对的、永恒的。例如，原始社会人们的某些言传身教所表达的或许就是高深知识，在物质文明和精神文明高度发达的未来社会，目前的高深学问在那时或许算不上高深知识。

知识是高等教育的逻辑起点，可以从两个方面来说明。从高等学校的教学过程来看，教学过程既是一个认识过程，也是提高受教育者各方面素质的过程。前者表现为教师通过一定的教学手段，将加工整理的教学内容传授给受教育者，这实质上是知识的整理和传播过程；后者表现为受教育者在教师的指导下，将一定的教育内容转化为自身内在素质的过程，这实质上是知识的内化过程。在这两个过程中，虽然会出现多项任务和多种矛盾，如掌握"双基"、发展智力、培养道德品质、增强社会实践能力等多方面的任务及其相互关系，但其中心问题仍然是知识的选择与传承、知识的领会与掌握。

2. 教学过程实质上也是知识的整理、传播和内化的过程

如果说以上从高等学校的教学过程来分析，是从纵截面考察高等教育的逻辑起点，那么从高等学校的社会职能来分析，则是从横断面来考察高等教育的逻辑起点。从高等学校

的社会职能来看，高等学校的社会职能主要有三个方面：培养人才、发展科学和直接为社会服务。

（1）从培养人才来看，受教育者在受教育前后个体素质有所差别，这种素质的差别正是知识内化的结果所导致的。一个人在受教育前，是一个劳动者；受教育后，也是一个劳动者，但两者却有质的不同，前者可能是一个简单劳动者，后者却能成为一个复杂劳动者，实现简单劳动者向复杂劳动者转化的根本原因是，受教育者接受了一定的科学文化知识，并将其内化为自身相对稳定的个体素质。所以，知识是实现人力向人才转变的根源和内在逻辑。

（2）发展科学在高校主要体现为科研活动，这本身就是知识的生产活动。

（3）从直接为社会服务来看，这种服务不同于其他社会机构提供的简单劳动力或一般的加工制造品的服务，而主要是利用高校的人才优势、智力优势、科研优势为社会直接提供的教学与科研服务，这实质上是知识的传播与应用活动。可见，高等学校的社会职能在本质上表现为知识的生产、传播和应用过程，表现为知识的选择、传承和内化过程。

知识经济针对农业经济和工业经济提出来，其划分标准是依据该种经济形态赖以存在和发展的基本资源与生产要素的结构及其特点。例如，农业经济对土地、劳动力依赖最大，对知识和资本依赖性较小；工业经济对土地、劳动力依赖性较大，对资本和知识依赖性更大；而知识经济对土地和劳动力的依赖性最小，对资本尤其知识的依赖性更大。从前面的分析可以得知，高等教育活动实质上是一项知识的传播与内化活动，是一项知识的生产、物化与应用活动，知识是高等教育的逻辑起点。

3. 高等教育与知识经济达成"联姻"，知识成为两者联系的纽带

高等教育的逻辑起点是知识，但不是一般的知识，而是高深知识，其中包括高新科技知识，这是高等教育与知识经济"联姻"的必然性。高等教育是建立在普通教育基础上的专业教育，它所传播的知识是在普通教育传播知识基础上的再选择、再深入；它所生产的知识是促进现代生产发展的高新技术知识和反映当代学术热点的高深理论知识；它所物化的知识是造就高精尖专门人才的知识和创造面向现代化的科研成果的知识。其中，最具有时代精神和现实价值的知识是高新科技知识。

4. 科学技术是第一生产力

知识经济中的"知识"在经济学界虽然没有统一明确的界定，但普遍都默认为高新科技知识，许多关于知识经济的界定都提出了知识经济是一种以高科性为基础、以创新为灵魂的经济。而在教育学界，知识经济中"知识"的含义尽管变得泛化和混沌，往往还成为争论的焦点和研究的重点。确定知识经济中的"知识"到底指什么知识，可以从两方面来分析。

（1）从知识经济提出的历史背景来看，知识经济是在信息技术和高新科技的快速发展对社会产生重大影响的情况下提出来的。许多人把比尔·盖茨的成功看作知识经济出现的

标志，因而它强调的不是知识的经济行为，而是知识的经济作用，即不是从把知识作为商品的角度而提出，而是从知识在生产力发展和经济发展中的作用和地位的角度而提出。

（2）从知识经济的对立面或对应方来看，它是针对农业经济和工业经济提出来的。三种经济形态划分的标准是各生产要素和基本资源在经济发展中的构成和作用，知识经济是以知识为最基本的资源和最核心的生产要素的经济，知识成为推动和牵引经济发展的先导力量和决定性因素。

也就是说，这种知识不是一般知识，而是能够纳入生产函数，并且作为第一生产函数的知识，是推动生产力发展的最具决定性和关键性作用的知识，因而它同样是强调知识在促进生产力进步和经济发展中的作用及地位。"科学技术是第一生产力"，从这个意义上说，知识经济指向的是高新科技知识。可见，知识只是实现高等教育与知识经济"联姻"的可能性，只有高新科技知识，当然也包括现代管理科学知识，才能实现两者内在、固有和必然的联系。

5. 知识经济与高等教育的高新科技知识是统一的

在知识经济时代，知识经济和高等教育中的高新科技知识既有共同之处，又有不同之处，但两者是统一的。知识经济中的高新科技知识不是一般的科技知识，而是对现代化大生产起决定性和革命性作用的应用性科技知识。高等教育中的高新科技知识既包括对现代生产起决定性和革命性作用的应用性科技知识，也包括不能直接纳入生产函数的基础性高深科技知识。

从某种意义上讲，基础性理论与应用性、技术性理论是源与流的关系，高新科技知识的不同理论形态，都属于科技知识的范畴。

6. 知识经济社会条件下高等教育成为经济社会的中心

农业经济时代，大学游离于经济社会外；工业经济时代，大学处于经济社会的边缘；只有到了知识经济时代，大学才开始被推向经济社会的中心。

知识经济是特定历史时期的一种经济形态，高等教育却在三种不同的经济形态中存在，而且在每一种经济形态社会，尤其工业经济与知识经济社会中，高等教育提供的科技知识在当时历史条件下都可谓"高新科技知识"，这是因为不同的经济形态中高等教育提供的高新科技知识对生产力发展和社会进步的作用和地位不一样。高等学校能否提供一定的高新科技知识，既取决于社会发展的需要，又取决于高等教育的价值取向，但归根结底取决于社会生产力的发展水平。

因此，高等教育步入社会的中心不仅需要一定的历史条件，同时也是历史发展使然。

（1）农业经济时代，由于生产力水平低下，人们认识世界和改造世界的能力不高，因而不能超越历史的限制而形成反映客观物质世界的科技思想和成果，即科技知识，高等学校也难以从社会中吸纳这些知识，转而成为"专注于探究治世之法和天理人伦之道的'象牙塔'"。

由于社会与高校之间几乎没有科技知识的交流活动，高校也就无法向社会贡献科技成果和科技人才，那时社会的科技创新大都产生于各种物质生产部门，如作坊、厂矿等。

（2）工业经济时代，生产力有较大发展，人们认识世界和改造世界的能力有较大提高，形成了许多反映客观物质世界的科技思想和成果，高等学校吸纳这些科技知识转变为教学内容，并内化为学生的个体素质。高校在从社会吸纳一定数量科技知识的基础上，又通过高校和学生的继承和创新，最后以科技知识增量的形式回馈社会，随后又进入下一轮循环。

但是，那时科技知识还没有成为推动生产力发展的决定性因素，生产力的提高和经济的发展在很大程度上还依赖于资本和劳动力，高等学校中各种以知识形态、物化形态或个体素质形态存在的科技知识也就不能成为工业经济发展的核心要素。

（3）知识经济时代，生产力获得了空前提高，人们认识世界和改造世界的能力得到释放，形成了许多能够决定生产力提高和经济社会发展的科技知识，这些科技知识所蕴藏的生产单位和生产因子是传统生产资料和生产要素的上亿倍甚至亿万倍，因而成为生产力提高和社会经济发展最重要的资源和最核心的生产要素。

高等学校通过吸纳这些高新科技知识，转化为教学内容，内化为学生的个体素质，或者在继承的基础上进行创新，形成物化形态的科技成果进入社会。生产力不是单向地支配高等教育，即高等学校不是单向地从社会吸纳科技知识。高等学校是"思想库""人才库"，它能在吸纳和反映的基础上创造新知识，继而转化为生产力，推动社会发展，这些继承的知识和创造的知识如果达到一定程度，就会由量变引起质变，从而进一步推动社会的发展。

高等学校作为高新科技知识的传播基地、生产基地和孵化基地，成为高新科技知识的"摇篮"，成为知识经济社会的"发动机"，成为知识经济社会的轴心。

（二）知识经济与高等教育的互动性

从教育的外部关系规律分析，知识经济与高等教育具有良好的互动性。

1. 知识经济引导和推动高等教育的改革与发展

知识经济必然要求确立新的教育观，诸如，新的教育哲学观、教育功能观、教育本质观、教育产业观、教育发展观等。但是，观念的转变，是建立在人们认识到知识经济对高等教育改革与发展的冲击与促动的基础上。从整体来看，这种冲击和促动主要体现在以下三个方面。

（1）高等教育外部关系规律显示，高等教育自身的发展需要适应社会，为社会进步和经济发展服务。知识经济本质上要求经济知识化，且指向高新科技知识，这就要求高校必须为经济发展和社会进步提供高新科技知识，要求高校调整教育理念，确立新的教育价值观，培养掌握现代高精尖科学技术的专门人才，以及创造一流的科研成果。新的教育理念和教育价值观要求高校在教育目的、培养目标、课程目标、教学内容、教学方法以及社会服务等方面进行改革，以迎接知识经济的挑战，适应知识经济的发展。

（2）知识经济不仅要求经济的知识化，而且要求知识的经济化，这既是知识经济的内在要求，也是知识经济发展的客观需要。知识经济时代，教育产品的商品性凸显，高等教育的产业化运作，促使高等学校进行管理体制改革与创新，使高校成为讲究成本效益、责权利明晰的知识商品生产部门和法人实体。这就要求人们转变思想观念，明确知识的经济价值和商品特性，明确高校的法人地位和产业属性。

（3）如果说农业经济是手工化时代，工业经济是机械化时代，那么知识经济则是信息化时代。信息化不仅影响教育价值的转变，影响教育管理体制的改革，而且会导致教育教学形式的变革。知识经济将大大推动和促进远程教育、网络教育以及多媒体教学的发展，全面改变传统的教师与学生面对面的教学形式和以书本介质为知识载体的传播途径，促进教育技术的革命，推进教育终身化和教育国际化，赋予高等教育理论与实践新的内涵和外延。

2. 高等教育的改革与发展拉动和促进知识经济的发展

高等教育不仅要适应知识经济的发展，还要在适应的基础上拉动和促进知识经济的发展。高等学校促进知识经济的发展，以促进高等教育与知识经济两者联系的纽带——高新科技知识通过在质和量两个方面的增长来实现。

（1）量的增长主要表现为通过培养科技人才来传播高新科技知识，因为掌握一定科技知识专门人才的数量越多，以生产力形态存在的科技知识在社会上的数量也就越多，这种人才主要是职业型、应用型及技术型人才。

（2）质的增长不仅表现在培养更多富有创新精神和创新能力的高精尖科技专门人才，还表现为研发更多一流的科研成果，这些人才和成果所具备的科技知识都高于社会现有的科技水平，是促进生产力发展最重要的潜在因素，是推动知识经济发展最活跃的因素。这种质的增长实际上也是量的增长，但前者量的增长主要是从知识广度的增长而言，而这里质的增长则是从知识深度的增长来说。

高等学校在一定教育理念和教育价值观的指导下，通过改革和调整，培养大批高素质专门人才和创造高水平的科研成果，从高等教育与知识经济的联系来看，也就是创造了更多更好的高新科技知识，进而推动了以高新科技知识为革命生产要素的知识经济的发展。

3. 高等教育活动本身成为一种经济活动

高等教育促进知识经济的发展，不仅是通过高等学校的育人职能和科研职能间接实现，高等学校也成为一种经济部门，它能够直接实现经济价值，直接促进知识经济发展。高等教育的逻辑起点——知识，本身就是一种商品。高等教育领域同样存在知识商品的生产、流通、交换和消费四个环节。

（1）商品生产表现为科学研究或教师的备课。

（2）商品消费表现为科研成果的应用与知识内化为学生的素质。由于高新科技知识成为知识经济最重要的资源和生产要素，生产高新科技知识的高等学校也就成为知识经济时代最重要的资源和生产要素的生产部门。可见，知识经济时代，高等教育不仅是一种教育活动，也是一种直接的经济行为，而且成为知识经济发展重要的组成部分。

（三）知识经济与高等教育的互补性

从教育的内部关系规律分析，知识经济与高等教育具有高度互补性。高等教育的育人活动对知识经济的物质依赖性。培养人才活动是教育者将一定的知识传授给受教育者的过程，这一过程包括知识的生产、整理、传播及内化等环节，但每个环节都不直接创造物质财富，形成的科技知识也只是以知识或者个体素质等形态存在，它的外显活动表现为消费活动，而不直接表现为经济价值取向的生产活动；而且，这种消费活动对教育者和受教育者双方来说，周期长，智力和体力投入大，是一种成本代价较高的消费活动。所以，这种育人活动必须建立在一定的物质基础上，如果没有经济保障，这种消费就不能实现，育人活动就无法进行。

1. 高校内部的经济收入

知识经济对高等学校培育人才这种高消费活动的经济保障和物质补给，主要从两个方面来实现：一是高校内部的经济收入。高等学校的产品之一——高新科技知识是高利润商品，因而高等学校能够通过出售科技知识来获取利润，这表现为收取学费、转让科研成果以及创建校办企业等。

2. 高校外部的经济投入

高等学校作为"社会中心"，高等教育的战略地位以及培育人才的高消费活动，必然会引起政府及社会各界对高等教育的高度重视，从而促使政府及社会各界对高等教育加大经济投入力度，这表现为政府拨款、企业资助、社会及个人捐资和投资、银行贷款等。

3. 知识经济的可持续发展对高等教育育人活动的精神依赖性

（1）有一种观点认为，知识经济强调的是普遍提高人的全部精神能力，使理性精神能力与非理性精神能力得以和谐发展。笔者认为，这种观点主观地扩大了知识经济的内涵，把这个从经济学领域引用过来的概念泛化了。从前面的分析可以得知，知识经济的提出是强调知识对生产力和经济发展的作用和贡献，突出高新科技知识的中心地位和经济价值，知识经济实质上是高新科技知识经济。

（2）追求经济利益是知识经济的本性。也有人提出，从人类社会发展史来看，由于我们以前过分强调科技的作用和物质的价值，出现了许多严重的社会问题，诸如，生态环境恶化等。人既是知识经济社会活动的主体，又是教育的对象；高新科技知识既是知识经济社会的决定性生产要素，又是高等教育的逻辑起点。因而，减少高新科技知识对知识经济的负效应，扩大其正效应，实现知识经济的可持续发展，成为高等教育承担的重要历史使命。

4. 高等教育的育人功能

虽然高新科技知识本身就包含了一种科学精神，一种追求真理和注重事实的精神品质，一种实现经济社会公平和公正的精神支柱，但高新科技知识如果以物化形态存在，它作为一个非生命体就会失去这种精神，成为任人摆布的工具和手段。因而，人的问题就成为能否实现知识经济可持续发展的根本和关键。高等教育之所以能减少高新科技知识对知识经济的负面效应，主要在于高等教育的育人功能。高等学校作为人才培养的基地，作为知识的渊薮、科学的殿堂、人才的摇篮和精神的家园，能够实现人在智力因素与非智力因素、科学精神与人文精神、个人信念与社会关怀等方面的和谐统一。它所培养的人才在认识、评价、生产或应用高新科技知识和成果时，能够做出正确的价值判断，综合考虑近期利益与长远利益、局部利益与整体利益、个人利益与社会利益等方面的关系，做出符合人类社会发展的理性选择，实现知识经济的可持续发展。

三、知识经济对我国高等教育的影响

知识经济对我国高等教育的影响与冲击是全方位的，既带来了发展的机遇，也提出了严峻的挑战。

（一）知识经济给我国高等教育发展带来的机遇

知识经济给我国高等教育发展带来的机遇主要表现在以下五个方面。

1. 知识的经济化与经济的知识化趋势，使高等教育的地位提升

在知识经济中，知识的拥有同社会经济发展及个人财富与地位升迁紧密相关，国力竞争与个人竞争在很大程度上变成知识创新和信息运用的竞争。高等教育已被国家纳入优先发展的战略与现代化建设的整体布局中，知识因素对国民个人发展的影响也日趋明显。

有调查显示，知识水平较高的人拥有更多流向职业声望较高的科研、金融与计算机服务等行业的机会，在单位中拥有更多的职务升迁机会。文化程度的差异对收入差距的影响正呈扩大趋势。

2. 大众化与国际化趋势，使高等教育的市场拓展

知识经济激发了社会对知识与人才的需求，加快了高等教育大众化的进程。在我国2010年颁布的《国家中长期教育改革和发展规划纲要（2010—2020年）》中，我国政府针对高等教育的发展提出："到2020年，基本实现教育现代化，基本形成学习型社会，进入人力资源强国行列……高等教育大众化水平进一步提高，毛入学率达到40%。"

3. 高教、科技、经济一体化与学习终身化趋势，使高等教育的功能扩张

这种功能扩张，首先反映在高等教育原有三大功能的扩张。

（1）时间上的扩展。为适应个体学习终身化的要求，高等教育正在从阶段性教学转向终身性教学，各种类型的成人高校、老年大学蓬勃发展。

（2）空间上的扩大。为满足日益增长的高等教育需求，高校正在从封闭走向开放，各种形式的校外教学、网络教学、合作办学应运而生。

（3）内容上的扩充。教学的功能已不仅是知识的储存与传递，而是集创造、加工、处理、传播与应用为一体。科研也不仅注重基础研究，开发研究与应用研究越来越占有更大的比例，不少高校结合科研兴办科技企业，高校社会服务的面越来越宽，包括企业培育服

务、科技攻关服务与参与政府咨询决策服务等。

不少高校与企业联合建立了一大批技术开发中心、生产力促进中心、产学研合作示范中心。另外，反映在新功能的产生。高校凭借人才资源与科研优势，广泛参与社会经济活动，在多方面都发挥着刺激经济增长、引导文化变迁、扩大国际交往、提升人类文明等作用。

4. 综合化与信息化趋势推动高等教育的改革深化

知识经济时代是一个高度综合的时代，它表现在知识的形成与发展、信息的加工与传播、新产品的设计与制作、商品的生产与流通等各个方面。这种综合化的特征也反映在对人才的要求和高等教育培养目标的确立上，进而影响学科结构的调整、专业与课程的设置，以及教学方法、考试方法等各个方面的改革。

从对我国当前高等教育改革的影响来看，必须确立综合化教育思想已渐成共识；"厚基础、宽口径、强技能、善创新"的高素质的复合型人才的培养目标已被广泛接受；按综合化的思想合并学校、调整专业、重组学科、优化培养模式等方面的改革已取得相当的成就。

以电脑化、网络化、数字化为主要内容的"信息化"趋势对我国现行高等教育的影响不仅是教育技术与教育手段的变革，还是从教育观念、教育体制、教育模式到教育管理的全方位的改革。随着教育信息化的进程，传统的"传道、授业、解惑"的教育观、"博闻强记"的学习观正在发生改变；注重正规的一次性的学校教育制度和强调整体的同步的班级授课模式也将逐步瓦解，取而代之的将是以适应信息化要求的弹性化教育制度与个性化的学习模式。

5. 产业化与社会化趋势使高等教育发展的环境不断优化

为满足严格的社会需求，近年来，我国迅速调整了高等教育的布局结构、专业结构，扩大了招生规模，提高了办学效益。知识经济的高增值性所积累的巨大财富又可以为高等教育的进一步发展提供坚实的经费保障。

反映在高等教育的发展将获得日益广泛的社会支持。随着产业化带来的开放、竞争、质量与效益等观念的增强，以及对高等教育社会经济功能认识的深化，人们越来越关注高等教育，尊重知识、尊重人才、支持高等教育的社会氛围将进一步形成。这一切都可以为高等教育发展创造良好的物质环境与精神环境。

（二）知识经济对我国高等教育发展的一系列挑战

这主要表现为以下五个方面。

1. 国际竞争加剧对高等教育培养目标的挑战

知识经济与高新技术的发展对人才素质的要求越来越高，高素质的人才已成为新的国际竞争的关键因素。这就对传统的高等教育培养目标及培养方式提出了严峻的挑战。

根据武汉大学最近就大学生的教育质量问题在全国范围进行的一次抽样调查结果来看，我国高等教育在培养目标及培养方式上存在下列"六重六轻"：

重成才教育，轻做人教育；

重专业教育，轻基础教育；

重书本教育，轻实践教育；

重科技教育，轻人文教育；

重共性教育，轻个性教育；

重继承教育，轻创新教育。

社会对毕业生的评价是创新能力不强；敬业精神、合作精神不足；身体素质、心理素质相对较差。

2. 知识高度综合对高等教育人才培养模式的挑战

高度综合的知识经济社会最需要的是具有广博知识和综合能力的通才。国外的研究发现：有成就的科学家多是靠博才取胜；当今诺贝尔奖的获得者中，有不少既是某门学科的"专才"，又是善于进行综合性研究的"通才"，这对我国长期以来注重专才培养的教育模式提出了一定的挑战。

人才培养模式由培养目标、专业设置、教育方式、学习方式与评价方式等要素构成。我国传统的人才培养模式的特点可概括为以下5个字。

（1）"专"，即强调按统一的计划与要求培养人才，培养目标过专；

（2）"窄"，即专业划分过细，专业口径过窄；

（3）"灌"，即教学重灌输，轻启发；

（4）"死"，即重记忆，轻思考，学习方式过死；

（5）"偏"，即评价指标片面，评价方法单一，评价结果偏颇。

这种模式培养出来的学生在计划经济体制下容易对口安排，但综合素质较差，适应面较窄，创新能力较低。在知识经济时代，这种人显然已不能适应社会形势。

3. 功能迅速扩张对高等教育体制的挑战

知识经济条件下的高等教育承担着时代赋予的多种社会功能，高等教育能否实现这些功能，关键在于从事高等教育活动的主体——人的积极性、主动性与创造性的发挥，而人的主体性的调动又取决于制度和体制。

近年来，我国在高等教育体制方面的改革已取得重大进展，但面对知识经济带来的挑战时，仍然存在着许多不相适应和阻滞功能实现的缺陷。

（1）就校内管理体制而言：从人事制度来看，仍带有一定的"管、卡、压"特征。例如，在管理上重管"人"、轻管"事"，在职称评定上重指标、轻条件，在职务聘任上重任命、轻竞争。在人才流动上重安排、轻自愿，忽略了人的主体性和主观性。

（2）从分配制度来看，在很多方面仍反映出重身份、重资历的色彩，离知识、技术、管理等生产要素和按贡献进行分配的要求还有较大距离，影响人的积极性。

（3）从教学科研的评价制度来看，既缺乏分类型、分层次、合理的评价指标体系，也缺乏科学的评价方法，更缺乏健全的评价组织，不能激励教师积极开展教学与科研，压抑了人的创造性。

4. 网络自由传输对高校德育的挑战

教育是培养人的活动。高校德育既是高等教育的重要组成部分，也是培养有理想、有道德、有文化、有纪律的一代新人的重要手段。知识经济时代，网络传输的自由度大大加强，这有利于信息资源共享，有利于加速国际合作与交流的进程，同时也对高校德育提出了挑战。

随着网络的发展，各种思想文化的交融、碰撞越来越激烈，西方的文化，包括影视、音响、书刊等大量进入我国高校，各种意识形态和生活方式必将对大学生的价值观念、思维方式产生极大影响，有可能造成对观念的冲突与思想的腐蚀。知识经济条件下高校德育工作将越来越重要，也将越来越复杂。

5. 教育资源共享对高等教育市场的挑战

这种"共享"既有利于我们引入优质的教育资源，以提高教学质量，也有利于拓宽生源市场，以提高办学效益。但"共享"带来的挑战也是严峻的。

（1）高校人才资源的争夺已成为不争的事实。一位西方学者曾直言不讳地讲："欧美要保持科技竞争实力，非常需要中国的人才。"许多发达国家通过制定一系列优惠政策来吸引全世界的尖子人才，而中国被他们视为抢挖人才的宝库。高校教师资源是人才争夺的重要内容。

（2）学生资源的争夺。当今，欧美许多国家的高校自然科学专业的本土招生出现迅速下滑趋势，研究生生源更是严重短缺，这些国家正把生源市场的目标转向中国。近年来我国生源流失已相当严重，而且出现了由研究生层次向本科生层次、由高龄向低龄、由小批量向大批量发展的趋势。可以预料，未来的高校生源争夺将会更加激烈。

第三节　新公共管理运动与高等教育管理体制

始于20世纪70年代的新公共管理运动为各种社会管理提供了新的范例、观念和思维模式，提供了观察、理解和处理特定问题的新框架。同样，高校管理作为公共管理领域的组成部分，也必然受到新公共管理运动的冲击。这主要表现在提倡高校管理权力的多中心，强调分权与授权，引入竞争机制，关注质量效益，面向社会办学等方面。

一、新公共管理运动的兴起

20世纪70年代开始，西方各国的公共管理遭遇了前所未有的困境。凯恩斯主义不再成为政府管理的"撒手锏"，反而给社会生活各方面带来了一系列的负担。高失业、高通胀、低增长的"滞胀"现象出现；政府扩张、机构臃肿、效益低下、政策失效，乃至政府职能失灵，公众对政府逐渐丧失信心。传统的公共行政管理模式在理论和实践的质疑声中陷入"四面楚歌"的境地。越来越多的人认识到，传统的行政模式已无法反映现代公共服务所需承担的广泛的、管理的以及政策制定的角色，它更多地体现为一种消极的控制形式，不是致力于为提高效率提供有效的激励，而是着力于怎样避免犯错误。

正是在这样的理论和现实背景下，20 世纪 70 年代末 80 年代初，为迎接全球化、信息化和知识经济时代的来临，以及摆脱赤字财政困境，提高国家的国际竞争力和政府的运作效率，一场以追求"三 E"（Economy，Efficiency and Effectiveness，即经济、效率和效益）为目标的行政改革运动，在英国、美国、澳大利亚和新西兰等国兴起，并逐步扩展到其他西方国家乃至全世界。在西方，这场行政改革运动被看作"重塑政府""再造公共部门"的新公共管理（New Public Management）运动。

新公共管理运动以 1979 年撒切尔夫人的上台为标志，在整个 20 世纪 80 年代英国采取一系列措施来反对浪费和低效率。他们将私营部门的管理经验和管理技术引入公共管理中，如引入竞争机制和以顾客为导向，以提高政府管理的效率。继英国之后，在澳大利亚和新西兰，随着两国工党分别于 1983 年和 1984 年上台执政，也开始了大刀阔斧的公共行政改革。其中，新西兰的改革因其力度大、富于系统性而受到举世瞩目，并被学术界称为"新西兰模式"。

与英国相比，美国的"新公共管理"更带有管理主义或"新泰勒主义"倾向。从 1978年卡特政府的"文官制度改革法案"的实施，到里根政府时期的削减政府机构、收缩公共服务范围，再到 1993 年克林顿上台后，开始的大规模"重塑政府运动"，所有这些改革的基本内容都是将私营部门的管理方法引入公共部门，以提高行政效率，精简机构、裁减人员，引入竞争机制，以推行绩效管理，以此建立一个少花钱多办事的政府，提高政府部门工作效率。与此同时，加拿大、荷兰、法国、德国、瑞典等经合组织的其他成员国也都采取了类似的改革措施。进入 90 年代之后，一些新兴的工业化国家和发展中国家，如韩国、菲律宾等国也开始加入这一全球性的公共行政改革的大潮。

40 年来，新公共管理运动像一股旋风，从现代政治理论的发源地英国，渐渐席卷大半个地球，成为西方公共行政领域的时代潮流，对公共管理的理论和实践，都产生了重大影响。

（一）理论上

新公共管理运动打破了传统公共行政理论的政治、行政二分法模式，引进公共选择理论和新制度主义等方法，为世界上许多国家提供了当代公共部门管理的新模式，为人们带来了崭新的理念和创新的实践，它把新制度主义经济学、公共选择理论，乃至管理科学和政策研究，还有社会学、政治学等学科的一些重要概念、理论、原理和技术、方法等引入公共管理中，为人类管理文明的历史添上了一笔重彩。

（二）政府公共管理实践成效显著

新公共管理运动不同程度地解决了发达国家面临的财政危机和信任危机，提升了政府运作能力，回应了在全球化中保持国际竞争力的内在要求。同时，新公共管理运动在政府部门内部的管理体制的改革上，也做了积极有效的探索。例如，它克服了原官僚体制下对公共物品的垄断或管制供给的做法，采取分权和权力下放，实行组织机构变革和人事制度改革，改善了公共管理机构的形象以及对人员的管理等。

新公共管理运动兴起至今，尽管各国在改革的发展阶段和具体措施上尚存在着一些差异，但他们在改革的价值取向上却都不同程度地体现出对传统公共行政模式的质疑和对市场力量的信奉。

（1）减少政府职能，尽可能将现有的公共服务和公共部门"私有化"，改由市场指导的私营机构提供；

（2）将原来由政府监管的一些公用事业"非管制化"，开放市场；

（3）对于那些迫不得已仍需政府提供服务和货品的，也通过"准市场机制"，如"使用者付费"等原则，来调整供求关系，达到对资源的有效配置。

公共管理领域这一全新价值取向的确立表明，"新公共管理运动"的兴起绝不仅仅是一种政府管理形式上的变革或管理风格上的细微变化，而是在政府的社会角色及政府与公民关系方面所进行的一场全面而深刻的变革。传统的公共行政模式已经从理论和实践上受到了全面挑战，新公共管理理论在实践中的应用，标志着公共管理领域中已经出现了一种全新的典范。"新公共管理运动"及其引发的公共管理模式的变革，已经成为一股不可逆转的时代潮流。

二、新公共管理运动的主要思想

不同国家、学者对新公共管理有不同的称谓，如"管理主义""以市场为基础的公共行政""后官僚主义范式""新公共管理"或者"企业家政府"等，但在本质上相同或相似，都主张引入市场竞争机制，采用私人部门管理理论、方法及技术，以市场或顾客为导向，重新调整国家、社会、市场三者的关系，提高公共管理水平及公共服务质量。其思想要点，可归纳如下。

（一）以市场为取向，重塑政府与公众的关系

这是新公共管理理论最重要的核心理念。市场遵循价值规律。以市场角度看待政府运作，则公众如顾客，政府为厂商。政府行政，应奉行顾客至上准则。政府不再是发号施令的权威官僚机构，而是以人为本的服务提供者，政府公共行政不再是"管治行政"，而是"服务行政"。作为"企业家"的政府并非以营利为目的，而是把经济资源从生产效率较低的地方转移到效率较高的地方。公民是享受公共服务的"顾客"，可以"用脚投票"自由

选择服务机构。

这样，新公共管理就建立了以"顾客"的满意度为中心内容的绩效考核机制，成为一种目标导向。定期广泛征求公民意见，评价公共服务。在评价时，注重换位思考，以顾客参与为主体，通过顾客介入，保证公共服务的提供机制需要符合顾客的偏好，以此产出高效的公共服务。

（二）确立政府有限责任，由"划桨"转为"掌舵"

新公共管理认为，在传统公共行政模式中，政府职能有不断扩张的冲动，直接导致职能膨胀、机构扩大直至臃肿。因此，政府首先应该解决自身职责定位问题，即该管什么不该管什么，分清管理和具体操作。政府在公共行政中，只是制定政策而不是执行政策。著名学者戴维·奥斯本等将此概括为政府的角色应是"掌舵"而不是"划桨"，传统政府低效的一个重要原因就是忙于"划桨"而忘了"掌舵"，做了许多做不了、做不好、舍本求末的事情。彼得·德鲁克强调："任何想要把治理和实干大规模地联系在一起的做法只会严重削弱决策的能力。任何想要决策机构去亲自实干的做法也意味着干蠢事。"

"掌舵"后，"划桨"的任务应交给私人部门和非营利组织、社区组织、公民自治组织等第三部门。政府通过重新塑造市场结构，在政策和资金方面，施加各种可行和有利的影响。这样，政府就成为多元管理主体的组织者、协调者，是多元管理主体的核心。

（三）全面引入竞争机制，切实提高工作效率

新公共管理主张在政府管理中广泛引入市场竞争机制，让更多的私营部门、非营利组织参与提供公共服务，以节约成本，提高服务供给的质量和效率。巴扎雷说，摒弃官僚制的时代已经到来，公共管理由重视"效率"转而重视服务质量和"顾客"满意度，由自上而下的控制转向争取成员的认同和争取对组织使命和工作绩效的认同。

政府的公共服务，可采用合同外包的办法，通过市场检验方式，判断出新政策的合意性。竞争的目的是追求效率，这是公共行政的出发点和落脚点。为此，新公共管理提出以下三种方法。

1. 实施绩效目标控制

强调实行严明的绩效目标控制，以取代严格的行政规制，即确定组织、个人的具体目标，并根据绩效目标对完成情况进行测量和评估。

2. 更加重视结果

与传统的行政管理只注重投入，不重视结果不同，新公共管理根据交易成本理论，重视管理活动的产出和结果，关注公共部门直接提供服务的效率和质量，主张对外界情况的变化，以及不同的利益需求做出主动、灵活、低成本、富有成效的反应。

3. 引入私营部门成功的管理经验

如人力资源管理、强调成本—效率分析，全面质量管理、强调降低成本，提高效率等，这些都是企业管理中行之有效的手段，公共管理必须引入。

新公共管理特别指出，政府人员与市场中的理性经济人一样，具有自我利益最大化、逃避责任、机会主义、自我服务、欺诈及导致道德风险的内在倾向。其与私营管理人员在管理绩效上的优劣之别，不在于自利的人性，而在于管理环境的不同。冗杂的程序规则恶化管理环境，压抑管理者情绪，导致低劣的绩效。因此，管理需要"自由化"，做到"让管理者来管理"。

（四）改革公务员制度，创建新型政府

新公共管理运动主张改革公务员制度，强调破除文官法中"常任文官无大错不得辞退免职"的规定，建立临时雇佣制、合同用人制等；正视行政所具有的浓厚的政治色彩，废弃公务员价值中立原则，主张对部分高级公务员应实行政治任命，让他们参与政策的制定过程，并承担相应的责任；正视行政机构和公务员政治功能有益，不仅能使公务员尽职尽责地执行政策，还能使他们以主动的精神设计公共政策，发挥政策的社会功能。这与传统公共行政理论主张政治与行政相分离，将政治从管理事务中剥离出去完全不同。

在新公共管理看来，政治因素具有不可剥离的特征，公共管理者总是在特定的政治环境中从事管理活动。要在此基础上，创建有责任心的新型政府。要转变政府的价值观，使政府从公共管理者转变为企业家，尽可能学会通过花钱来省钱，为获得回报而投资。新公共管理认为，传统公共行政只注重提供服务而不注重预防，当问题变成危机时，再花大量的金钱、精力去进行治疗，这不妥。有预见的政府会在根本上下功夫，一是使用少量钱预防而不是花大量钱治疗；二是做出重要决定时，尽一切可能考虑到未来可能出现的情况。

三、新公共管理思想在高校管理体制改革的表现

新公共管理思想为各种社会管理提供了新的范例、观念和思维模式，提供了观察、理解和处理特定问题的新框架。同样，高校管理作为公共管理领域，其改革也必然受到新公共管理运动的冲击。因此，高等教育领域，也被纳入改革的视野。新公共管理运动的思想也逐渐渗透到高等教育的改革中，"新公共管理"模式开始向高等教育领域挺进。

新管理主义思潮逐渐从行政管理领域扩展到包括高校在内的其他管理领域，并日益占据中心地位，大学管理受到新公共管理的深刻影响已经是不争的事实。高等教育的这种变迁可归纳为：高等教育日益全球化、高等教育制度的准市场特性不断发展、世界性的高等教育大众化潮流、高等教育经费增长赶不上学生人数的增加、国家对高等教育质量的关注、高校课程日渐呈现职业导向、"国家—高校—企业"之间关系发生改变。

概括起来，新公共管理思想在国内外高校管理体制改革中的主要表现有以下几种。

（一）提倡高校管理权力的多中心，强调分权与授权

新公共管理用分权式管理取代了高度集中的传统层级组织结构，通过分权和授权来减少层级，从而对外界变化能迅速做出反应，有效地解决问题。这种分权与授权，其实是公

共教育权力在政府、市场、社会、学校之间的权力配置，实现了权力在不同主体之间的转移，形成了权力的多中心化。特别是将权力特许给社会，更多地依赖民间机构和公民个人来对教育的各方面参与，加强不同地区、社区和地方、学校以及家长、学生之间的联系，建立起各个部门之间的伙伴关系。教育民营化充分反映出政府教育观念的转变，即注重"民间"力量在教育中的作用，并加强与他们的合作互动。

新公共管理倡导教育权力的多中心，具体到一所学校来说，就是学校领导在分权与授权时必须做到适度，在动态中求得两者的平衡。

1. 集权与分权相互补充，灵活运用

学校领导在决策指挥上应采用集权形式，才能保证学校在信息交换的快速环境下，各项工作正常运行。而在执行阶段可以适当分权，使下级管理人员有职有责有权。

2. 强调适度授权

学校领导者必须分清哪些权力可以下放，哪些权力应该保留。如果把应保留的权力都下放，那就是过度授权，等于放弃职守，使管理失控，将会给学校造成损失。适度控制是授权的原则之一。授权以后，学校对下属的工作要进行合理、适度的监督，防止两类偏向：一是把授权变成了放任自流；二是对授权不放心，因而不断地检查工作，处处插手，使下属缩手缩脚，不得不完全按照领导意思办事。

3. 授权不授责，但同时要权责明确

学校领导者把权力授给下属后，如果下属在工作中出了问题，下属要负责，但同时，领导者也要负领导责任。另外要权责确定，授权之前，目标和责任范围必须有详细交代——不仅是如何履行责任，更重要的是达到预期的结果和目标。否则，被授权者将无所适从，搞不好还会争功诿过，而领导者也没有考核的客观依据。这样，就造成组织管理的混乱，授权的效果也会适得其反。

（二）在教育领域引入市场机制

对传统官僚体制的革新，新公共管理将市场机制引入教育领域，以市场模式取代传统的官僚体制。使官僚制组织不再是政府提供教育产品或服务的唯一方式，政府通过补贴、管制和合同形式进行间接运作，而不是直接提供者。市场机制在教育领域的引入以官僚体制的失效作为前提，依靠市场提供服务是人们所寻求的替代官僚制的主要手段。

例如，自20世纪90年代以来，美国教育改革的目的是提高中小学教育质量，主要措施是将市场的自由竞争机制引入中小学教育体制，在很大程度上放宽对教育的统一管理和控制。通过教育分权、择校和公立学校私营化等方式来推行"教育的市场化重建"，即把财政、人员调配和政策制定等权力下放到各个地方教育机构，强调提供者和消费者双方在教育领域中的义务和责任。尤其教育消费者的选择，让个人的选择在教育市场中具有更大机会，同时把公立教育机构转变为自主管理的中小型企业化运作的教育实体，参与市场竞争，促进教育资源配置最优化，促进学校教育为消费者提供最好服务。

现在，人们日渐使用"准市场"，来概括发生在教育和福利部门中的市场机制引入和决策的非官方化等的教育分权。"准市场"是政府控制与市场运作间的"中间道路"。所谓"准市场"，乃是非完全市场，其中包括有政府调控的成分。因此，政府控制和市场机制并非一定是零和博弈的关系，即一方受益另一方受损。公共事业"准市场"改革的显著特色在于，需求方和供给方的分离以及需求方可以在不同供给方之间做出选择。缺乏传统的现金交易关系和加强政府干预是"准市场"与理想的"自由"市场的主要区别。"准市场"的引入通常需要学校自主与家长择校的结合，以及相当程度的绩效责任和政府调控。

（三）高度关注教育的质量、效益和效率

针对传统官僚制只重过程而不管结果的特点，新公共管理以精简、重建和不断改进为手段，以实现"3E"为目标。

（1）在以分权为主线对公共教育体制进行重构的过程中，政府通过放松中央控制机构的管制而开始对学校组织进行授权；

（2）通过下放决策和解决问题等权力而对教师进行授权；

（3）通过将学校控制权交给以社区为基础的管理机构，而对社区成员和社区组织进行授权，进而把控制公立学校的形式从复杂的规章制度和等级命令转换成共同的使命和承担绩效责任的制度。

成功的分权和对多余层级的废除能够把与组织目标相关的责任和达成目标的手段区别开来，手段和目标的明晰对于分权理念是最基本的，通过"合同"区分手段和结果，从而明确双方各自的权利与责任。

合同制是学校摆脱政府控制的一种比较好的方式和手段，因而被看作"为公立学校提供了一种全新的治理模式"。如美国的特许学校、契约学校和公立学校的私营管理，英国的教育行动区与直接拨款的公立学校，俄罗斯的非国立学校，加拿大的特许学校，新加坡的自主学校以及我国的转制学校等，都是通过签订相关的绩效合同，以明确规定学校的目标、预期结果和绩效结果，同时给予其资源的管理控制权。

通过为学校组织进行流程再造和为绩效设定结果，可以实现对学校的全面质量管理，以提高学校组织的效益和效率。

（四）重视社会和家长对教育的需求，面向社会办学

新公共管理倡导政府在决策时要倾听群众的声音，广开言路，并在适当情形下，进一步下放权力和资源，使传统的官僚垄断政府变为"社区拥有的政府"和"顾客驱使的政府"，政府应对社区和顾客负责。在市场经济条件下，消费者就是顾客，顾客就是上帝，以"顾客导向"为理念的市场必须按照顾客的需要来进行经营。

具体来说，"顾客导向"是指学校依存于其顾客（学生、家长、政府和社会），学校管理应以这些顾客的需求为关注焦点，致力于满足他们的需求，并努力超出他们的期望。顾客的要求各种各样，有的是明确的，有的则是隐含的。明确的要求是指在标准、规范以及

其他文件中已经做出规定的要求，如国家规定的教学目的、教学内容、教学标准和教学大纲等。隐含的需要包括顾客的期望或不言而喻的需要，如家长希望学校、教师公正地对待自己的子女；社会希望学校能够管好学生，减轻社会负担；学生希望自己能够通过规定的考试，升入高一级学校等。必须注意到，满足顾客要求只是学校管理的一个基本要求，只有达到甚至超过顾客的期望，给顾客意外的惊喜，才能使顾客满意。具体主要体现在以下三方面。

1. 为顾客提供充分、优质、公平的教育机会，满足顾客不同的教育需求

对于学生而言，"顾客导向"理念在于管理者应以学生为主体，学校的任何行政事务都应以提升学生素质以及满足其生活上的最大需要为目标，管理上应人性化，尊重学生的个性和尊严，在教学上以学生能接受的方式，教给他们需要的内容。

2. 建设服务型学校

要把家长、学生、教师等对象当作学校的顾客，保障他们对学校行为的知情权和监督权，保障他们的民主参与教育决策。构建可接近性和灵活性的反应系统，及时提供各种信息，回应各种需求，提供便捷的人性化服务。

3. 尊重家长和学生的教育权力

赋予家长一定的教育选择权，促使学校对受教育者的需求做出积极回应，真正将"以人为本"的理念贯彻到学校改革中去。如在美国，拓展父母的选择权，日益被视为撬动教育体制改革的杠杆。以提高家长自主选择权为特征的教育凭证制度重新引起人们关注，一些州开始尝试推行教育券政策。通过教育券，家长被赋予一定教育选择权，能自由选择最能满足他们需求的学校。学校被迫对市场及受教育者的需求做出快速反应，在教育券的流动中实现学校的优胜劣汰，充分体现了"消费者主权"，从而提高了学生家长的满意度。

第四节　市场经济与高等教育管理体制

经济基础决定上层建筑，高等教育作为上层建筑的重要组成部分，受一定社会的经济、政治、文化制约，并为一定社会的经济、政治、文化服务。因此，市场经济对高等教育的影响具有客观必然性，在我国社会主义经济由计划经济体制转向市场经济体制之后，高等教育要想独立于市场经济之外不可能，必然受到某些冲击与影响。市场经济与高等教育之间相互渗透、相互作用，市场经济制约着高等教育，高等教育服务于市场经济，二者表现为相互供需的关系。高等教育的发展规律必须适应市场经济的客观规律，高等教育的体制改革也必须应对市场经济体制的挑战。

一、市场经济对高等教育的影响

市场经济的大潮冲破高等教育原有的运行机制，给高等教育带来了有力的动力机制，驱动高等教育加快改革步伐。这是市场经济给高等教育带来长期效应的集中表现，也是市场经济对高等教育影响的本质所在。

市场经济对高等教育的积极影响主要表现为以下几个方面。

（一）市场经济的健康发展为高等教育的良好发展创造良好的社会环境

市场经济的健康发展，社会生产力的提高，综合国力的提升，人民生活水平的提高，为高等教育的发展提供了良好的外部环境。同时，市场经济中多种所有制形式的存在，将进一步促进形成多种形式发展高等教育的新局面，适应人们接受高等教育的需要，形成国家办高等教育与社会、个人办高等教育并举的格局。

（二）市场经济的发展为高等教育改革注入新的活力

随着市场经济的发展，我国经济建设的速度和社会各项事业的发展速度加快，社会各方面对高层次专门人才的需求急速增加。随着人们生活水平的提高，对接受高等教育的需求也相应提高，这为高等教育的改革与发展注入新的活力。

（三）市场经济的发展促进高等教育观念的不断变化

引起高等教育领域内部的深刻变革市场体制要求的开放意识、创新意识、竞争意识、信息观念、时间观念、效益观念等必然会渗透到高等教育的思想观念中。从高校管理体制到办学体制，从招生到就业制度，从教育结构到教学内容，从投资结构到自主办学以及教育的其他方面，都发生了新的变化。

（四）市场经济的发展将为高等教育提供广阔的社会实践领域

市场经济体制有利于高校教育根据市场需求确立人才培养目标，调整专业设置、改革教学方法；有利于在高等学校内部建立起提倡竞争、讲究效率的机制，调动起广大教师的积极性，促使教师主动地探索新的教学过程；有利于高等院校面向社会，缩短知识转化为生产力的周期，促进科研成果的转化。

从长远来看，市场经济为高等教育的改革和发展带来活力。但市场经济的天然性的弊端——本位性、盲目性、自发性，也对高等教育不可避免地产生了一定的负面影响。市场经济的自发性容易导致教育目的的模糊，其多变性容易导致教育规律难以遵循，其开放性使得师资队伍不稳定，其本位性容易导致教育价值取向的偏颇，其功利性致使教育主体行为扭曲，其短期性使得教育功能萎缩等。

（1）当前高等教育中出现的重科研、轻教学；

（2）重应用开发研究，轻基础理论研究；

（3）重有偿服务，轻无偿服务；

（4）教师重第二职业，轻本职工作；

（5）学生重外语和计算机，轻系统知识的学习等，都折射出这种影响。

目前，我国正处于市场经济的不断完善阶段，其中不完善的成分必然反映到受制约的高等教育上，尤其在社会转型时期，高等教育不可避免地要受到某种侵蚀。同时，高等教育自身体系的不完善又为这种消极影响提供了"土壤"。

我国原有的高等教育模式是建立在计划经济体制下的。面对经济体制的转轨形势，高等教育在失去固有依托的条件下，既很难维持原有的运行机制，又很难建立起新的运行机制。在这种情况下，高等教育往往就会随波逐流，市场经济的某些弊端就会乘虚而入，高等教育自身也不可能超越经济规律的制约而寻求自己的"避风港"。再加上文化传统包括积习已久的思维方式，面对市场经济的冲击，要想做出新的选择是一个痛苦的过程。由此就有可能产生极为相反的两种倾向：一种是维护传统的教育模式，另一种是对新观念尚未完全理解和消化之前的全盘接收。而这两种倾向在一定时期以一种"畸形"的结合方式贯穿在高等教育的改革过程中。

市场经济对高等教育的影响是一种客观存在，其中既有积极的正面影响，也有消极的负面影响。我们要积极主动地适应市场经济，借助建立市场经济体制产生的推动力，抓住机遇，促进高等教育的改革和发展，以应对市场经济对高等教育的挑战。

二、市场经济对高等教育的调节

在市场经济条件下，大学身不由己地卷入了市场，不可避免地要受到市场的调节和支配。市场对高等教育的调节有许多优点。

（一）有利于高校自主招生和合理设置专业

通过发挥市场的调节作用，高校对外界社会的需求反应和适应变得更加敏感、快捷。威廉斯评论道："市场模式的主要优点是它可以不断地刺激学院和大学，使其适应不断变化的经济和社会状况。"高等教育的市场调节主要是通过高校对消费者需求变化、劳动力市场需求变化和社会对知识产品的需求状况的反应表现出来。当市场上某一专业的人才需求发生变化时，高校和消费者便会根据这种供求变化信号，按照自身的经济利益，及时调节自身活动，以在市场竞争中求得生存和发展。

就消费者而言，他选择进入什么学校、选学什么专业，不仅反映了目前和未来劳动力市场某一方面人才的供求状况，也反映了目前高校市场的价格（收费水平）、竞争（入学选择）。就高校而言，它对市场的反应，主要通过消费者需求变化、劳动力市场变化来实现。消费者市场供不应求时，高校便以各种方式争夺生源；劳动力市场某些专业人才供过于求，或某些专业人才供不应求时，高校便立即调整专业和教学方式，增设培养社会紧需人才的专业，缩减或取消个别专业培养计划，以适应市场的变化。

（二）市场的积极调节作用有利于高校合理定位，办出特色，办出水平

格拉夫在谈论美国高等教育时认为："在美国这种系统中，消费者的需求起着重要作用。消费者掌握着平衡杠杆，而计划者却没有。消费者不仅可以选择进入哪所院校，而且可以随意退出，从一所院校转入另一所院校。由于存在如此广泛的入学选择权和以后的退学权、转学权，因此各学院和大学的生存或者依赖于满足用户的需要，或者依赖于以自己大学的优秀质量来吸引用户。只有形成自己学校的特色才能吸引用户，雷同则不能。既然如此，许多院校都努力建立自己的特色，而不是被动地接受统一的模式。"在强大的市场作用面前，高等学校不得不力求彰显自己的特色，力争做到"人无我有、人有我优"，以与众不同的服务内容和方式，确保自身在市场竞争中立于不败之地。

（三）市场的调节作用有利于高校建立市场主体意识，发挥自身的主观能动性

在市场经济条件下，任何一个经营主体都面临着赢利、亏损、破产的可能性，都必须承担相应的利益风险。风险机制以利益的动力和破产的压力作用于商品经营单位，使得每个经营者时时刻刻都在关心生产经营情况，从而督促和鞭策他们奋发努力，变革更新，不断进取。高校虽然不同于企业具有经营性，但同样受市场竞争机制的影响。因循守旧、故步自封、一成不变，会导致其在激烈的竞争中被淘汰。只有改革创新、因时思变，才能取胜于市场。

可见，市场对高等教育的教育观念、办学体制、管理方式、教学方式、招生与就业制度以及人才培养模式等各方面产生了重要影响，给高等教育的改革和发展带来生机与活力，促使高等教育必须改革体制，调整结构，提高质量和效益，并且从社会和经济发展的需要着眼，从实际出发，着力办出高校自己的特色。因此，高等学校要遵循市场经济规律，引进市场机制，面对市场情况进行自我调节，以适应市场经济对高等教育提出的新要求。

三、市场经济对高等教育管理体制改革的要求

社会主义市场经济的完善和发展，对高校管理体制的改革提出了新的要求。

（一）高等教育要面向市场需求培养人才

市场经济的发展需要对人才素质提出更加全面的要求，既需要有文化、懂技术、业务熟练的劳动者，也需要具有现代科学技术和经营管理知识的管理人员；既需要能够适应现代科学文化发展和新技术革命要求的高级专业技术人员，也需要品德好、能力强、业务精的综合性人才。

教育管理体制改革就是要从体制上促使人们转变教育观念，树立正确的人才观和教育观，适应市场经济对人才的要求，培养满足市场需求的人才。这就要求高等教育体制改革要与经济体制相适应，树立教育为经济建设服务的观念，克服狭隘的为教育而教育的旧观念，同时还要树立大教育观念，即树立全时空的教育观。

1. 在空间上

放眼未来，要把学校教育与家庭教育、社会教育结合为一体，打破封闭式的围墙里的教育，把教育和社会联系起来，放眼社会，放眼世界。

2. 在时间上

要把就业前教育和就业后教育结合起来，把学校教育纳入终身教育体系中去考虑。学校的就业前教育不仅要考虑学生将来从事什么职业，而且要使他们具有终身学习的能力，以便能够根据科技发展、生产变革以及市场的变化随时学习。

（二）高等教育要调整培养目标，改革教育内容和方法

市场经济的主要特点是开放性、竞争性、创新性、法制性。为适应这些特点，就要求教育培养的人才具有宽广的知识视野，善于捕捉信息；有果断的决策能力，敢想敢干，勇于创新；有经济头脑，注重经济效益，讲究工作效率；有较强的法治观念，善于处理人际关系等。为此，在培养目标上要克服单纯追求应试升学的观念，注重学生基本素质的提高。

在市场经济的条件下，仍然要坚持社会主义教育方针，培养学生在德智体诸方面都得到发展。特别要加强思想道德教育，提倡敬业精神。要教育学生坚持真理和正义，反对虚伪和邪恶。

1. 教育内容改革

要改革，就要加强科技教育，增加发展社会主义市场经济所需要的内容。特别是高等学校和职业技术学校要根据市场经济发展的需要，根据当地的条件调整专业设置、课程内容。

2. 教育方法改革

要改变只为应付升学考试的呆板死记的做法，注意减轻学生的课业负担，使学生活泼主动地发展学习。

（三）建立适应社会主义市场经济的教育体制

我国现行的教育体制高度集中，高度统一，这种体制使办学缺乏生机和活力，难以办出特色。在这方面，高等教育的问题最为突出，表现为教育投入和发展与经济投入和发展不适应，专业设置和教育质量与市场经济不适应，招生、分配制度与社会需求不适应。根本的问题是教育体制与社会主义市场经济体制不相适应，因此必须加以改革。

教育体制改革的目标是加强院系的决策权和办学的自主权，使院系和一线工作的教师能够参与决策，根据市场的需求调整教育结构，调整专业设置、课程计划和培养方式；能够根据自己的条件和院系的优势办出自己的特色；能够参与科技市场竞争，把院系的教学与科研、生产联系起来，利用学校科技优势，创造新的科研成果，并迅速转化为现实生产力，从而促进社会主义经济的发展。

（四）面向市场经济，建立有中国特色的现代大学制度

随着经济体制改革的深入，传统的大学制度越来越不适应经济体制改革的要求，建立与社会主义市场经济体制相适应的具有中国特色的现代大学制度，成为我国高等学校管理体制改革的目标。

现代大学制度应与社会主义市场经济体制相适应，符合高等教育的规律，管理体制与运行机制相统一。现代大学制度的本质是面向社会，自主办学，民主管理；基本特征是学术自治、政校分开、权责分明、管理科学。建立现代大学制度的核心，就是为有效地配置教育教学资源。实现这一目的最有效的方式，就是在现代大学制度的建设中，引进市场体制和运行机制，增强大学制度对市场的适应能力。

市场经济已成为我国经济发展的主旋律，高等教育作为社会的一个有机体不可能摆脱或躲避市场经济的冲击。建立与社会主义市场经济体制相适应的高等教育管理体制是市场经济发展对高等教育的必然要求。

第五节　高等教育发展趋势

世界高等教育发展的基本趋势：办学体制多元化，社会功能日益突出，高等教育终身化以及与企业界密切合作。在此背景下，我国高等教育也发生了翻天覆地的变化。面对新的形势，我国高等教育要不断提高高等教育质量，提高人才培养质量，提升科学研究水平，增强社会服务能力，优化结构办出特色，以适应我国经济社会发展的需要。

一、世界高等教育发展的现状

随着经济全球化和知识经济的发展，世界高等教育正在发生着深刻的变化。这主要表现在规模速度、结构形式、资金筹措、绩效责任几个方面。

（一）高等教育规模的持续增长

高等教育规模的增长速度以东亚和太平洋地区为最快，年平均增长率为8.1%，其次是非洲撒哈拉沙漠以南地区，为7.2%，南亚和西亚地区为6.8%，拉丁美洲和加勒比地区为5.1%，中欧和东欧地区为5.0%，北美和西欧地区低于1.9%。另据联合国教科文组织最新统计资料，把高等教育机构在校生超过百万人的国家称为"超大型体系"。中国、印度、印度尼西亚、伊朗、巴西、墨西哥、阿根廷、波兰、乌克兰等发展中国家的高等教育规模产生了突飞猛进的增长。

世界银行的专家分析认为，促使高等教育发展的原因包括：第二次世界大战后政治和社会的民主化，公立高等教育部门的发展，白领阶层持续增长的需求，新兴工业经济的发展对高技能和受过高等教育劳动者的需求，受过高等教育的人对经济发展的重要性被广泛

接受以及构成新型福利国家、可持续发展和法制化民主社会重要因素之一的教育自身的吸引力等。

（二）高等教育结构与形式的多样化

世界高等教育出现了多样化的变化趋势，高等教育的多样化已成为世界许多国家的共同选择。综合大学或公立大学的作用日渐突出，私立大学或民办大学也已成为高等教育发展不可忽视的力量，网络大学作为一支快速发展的新生力量日益显示出勃勃生机。许多国家和高等院校本身都已经或者正在对高等院校的结构、形式，以及教学、培训和学习方法进行深刻的改革。

1. 非传统大学的发展和教育课程的多样化

许多国家建立了新型的传统大学的替代性机构，促进了非传统大学的发展。

2. 私立教育机构的发展

由于高等教育需求快速增长而公共资源有限，使得私立高等教育在许多国家蓬勃发展。

3. 新型的学习和传授方式更加多元化

远程教育、网上学习等更加灵活的学习方式的发展，促进了更大范围的学生入学，也满足了日益增长的多样化的学习需求。

这样做的直接结果之一是几乎世界各地区的高等教育都趋向多样化。虽然有些学校，尤其珍视悠久传统的大学对这一变革有一定程度的抵触，但从总体上说，世界高等教育已在较短时期内发生了意义深远的变革，实现了一定程度的结构与形式的多样化。

此外，大多数国家学生群体的社会经济背景、种族和前期教育的构成发生了变化。当前，高等教育机构吸纳了大量非传统的学生，这些不是直接从中学毕业的学生，其性别、社会经济状况和种族背景可能既非来自主流社会群体，也不在全日制、以课堂为基础的模式中学习。这种多样化反映了对高等教育日益增长及随之而来的大发展的社会需求。

4. 促进高等教育多样化的原因

导致高等教育这一变革的原因有内部的，也有外部的，以下诸因素在促进高等教育多样化方面起了特别重要的作用。

（1）社会对高等教育的需求大大增加，因而高等教育必须满足越来越多样化的对象的需要，特别是满足全民终身教育的需要。

（2）劳务市场的需求在不断变化，这就要求高等教育机构根据经济全球化和地区化的趋势，在新的专业技术与管理领域和新的环境中提供相关的培训。

（3）新的信息与传播技术迅速发展，以及其在高等教育各种职能与需要中的应用得到不断提高。

（4）由于公共高等教育经费锐减，从而迫使高等院校设计效益更高的、各种不同的课程与教学手段。

（三）高等教育资金筹措方式的多元化

在传统观念中，高等教育是一种"公益事业"，政府应承担其费用。但随着世界高等教育规模迅速扩展，高等教育资金短缺是近年来各国高等教育普遍面对的问题。无论在发达国家，还是在发展中国家，高等教育的学生人数迅猛增加，高等教育的费用变得越来越昂贵，而国家的实际财政拨款却无法以相应的幅度增加，从而导致全球性的高等教育经费相对短缺和高等教育公共开支明显倒退。为应对与高等教育大众化相伴而生的高等教育财政危机，许多国家纷纷采取加大政府投入、吸纳社会资金、推行教育成本分担等举措来为高等教育的发展提供资金保障。

1. 加大政府投入

从 20 世纪 80 年代至今，世界范围内的政府公共教育经费增加了近一倍，发达国家和一些新兴工业化国家的教育投入已占国民生产总值的 5% 以上。无论是教育公共经常开支占政府总开支的百分比，还是高等教育公共经常开支占教育公共经常总开支的百分比，都日趋加大。

2. 广泛吸纳社会资金

在一些国家，高等院校通过针对一定的政策目标组织实施项目，如引入创新课程、改进管理实践、增强与周边社区的合作得到相当数量的公共资金。以项目为基础的定向拨款往往通过竞争或对项目书评估的方式进行；分配给高等院校的重大资金项目更体现出以产出效果为导向。在许多国家，给高等学校公共资金的拨款方案与学生毕业率相联系。科研基金也往往更多地通过竞争程序，而不是一揽子地定向拨款给某个具体项目。

3. 采取收取学费等举措

近年来，不少国家通过收费和增加学费，以增加学校的财政来源。还有的通过科研商业化和机构设施与人员使用的商业化，进一步调动起私人资源。据有关资料报道，美国高校采取多元化的经费投资体制，一般从这些途径获得直接或间接的办学经费：免税政策、联邦政府拨款、州政府拨款、地方政府拨款、捐款、学费收入、大学基金收益、各类基金会资助、吸收留学生或海外办学、提供社会服务和产学结合、校内附属事业等。

（四）高等教育绩效责任日益被重视

从 20 世纪 80 年代初开始，质量保证成为高等教育的一个重要议题。为解决高等教育大众化带来的数量与质量之间的矛盾，美国制定了明确的高校分类标准。英国还成立了"质量保证署"，通过加强评估与监督，全面提高课程设置及其内容的学术标准，来提高高等教育的质量与效率。而韩国通过兴办实验大学，推行"中期淘汰""毕业定额制"，对教学管理进行改革，从而提高教学质量。

有证据表明，高等教育质量保障并不仅限于精英式的教育质量加上严格的程序管理规章，高等教育的扩张还引出了高等教育公共支出的数额和方向问题。高等教育的社会利益使成本增长合法化，也相应地基本保障了高等教育的质量。

公共资金有限性加重了政府的压力，而削减预算和紧缩管理必然会影响高等教育的质量和产出，再加上日益增长的市场压力，这些都要求必须加强高等教育的绩效责任。例如，在美国，家长和学生抵制大幅度提高学费，要求高等教育机构进一步加强质量绩效责任和成本核算，高等教育日益受到消费者驱动。

二、世界高等教育的发展趋势

近年来，世界高等教育在各方面都有着重要发展，虽然各地区及各国的情况有所不同，但仍然出现了全球范围内高等教育所共有的变化。世界高等教育发展的基本趋势：办学体制多元化，社会功能日益突出，高等教育终身化以及与企业界密切合作等。

（一）高等教育办学体制由单一向多元转变

教育和人才已经成为当代世界经济增长的决定性因素，以往那种靠政府为主出资办教育，或者由全日制正规学校独揽教育职能的格局，已无法满足社会经济发展对教育和人才的需要。各国高等教育大众化的发展过程，都有一个共同的特点，那就是鼓励多种形式办学，发展新的办学形式，如开放大学、广播电视大学、成人继续教育学院以及跨国界联合办学等。可以预见，无论在发达国家，还是在发展中国家，都将或早或晚地出现普及高等教育的发展态势。中等教育的普及、社会的普遍公正，以及全民终身教育的客观要求，是推动高等教育这一趋势的重要因素。

此外，开放式学习方法，以及信息和传播新技术等均为扩大高等教育的机会，尤其为一些新的社会群体接受高等教育提供了更多的可能性。这种普及意味着将有更多的人能够接受某些形式的高等教育或中学后教育，意味着扩大每个公民获得高级培训、技能和知识的机会。其普及方式往往很新颖，而且会日益多样化。

（二）高等教育社会化功能愈加突出

随着高等教育从社会的边缘走向社会的中心，其在不同领域发挥着社会服务功能，包括决策咨询的智囊作用、经济和社会发展的技术服务和智力支持作用，乃至直接为社区建设和不同人群提供各种服务，使高等教育在推动社会全面进步的进程中，不断实现自身的变革和创新，更新和完善教育形态，从而在更高层次上树立社会发展的使命感和责任感，增强全面服务社会、引领社会的自觉性和前瞻能力。

（三）高等教育将成为终身教育的一个组成部分

随着科学技术和经济的飞速发展，科学和知识也在快速增长。据国际权威机构的调查，当今世界科学门类已多达2000多种，人类科学知识每3～5年增加一倍，人类知识更新的速度也在空前加快。这意味着大学生在读期间学到的知识在毕业时就必然产生老化、过时的问题。因此，大学毕业不再是个人受教育的终结，而只是另一种学习的开始，接受不同形式的高等教育将贯穿以后的学习生涯。

目前，在欧美和亚洲一些国家和地区，终身学习体系已经相当普遍，颇见成效。因此，对高等教育来说，这一深刻的变革意味着高等教育必须变得更加多样化和更具灵活性，以此来适应社会的需求和愿望的变化。多样化和灵活性也意味着学校将具有这些能力：迅速满足甚至预测新需求的能力，使结构灵活多变的能力，改变录取标准以考虑职业生活经验的能力。而开放式学习方法、远距离教学，以及信息和传播技术等，均大大增加了高等教育实践终身教育的可能性。

（四）高等教育将进一步国际化

高等教育日益国际化首先是教学与科研全球性的一种反映。由于知识具有普遍性，因而知识的深化、发展和传播，使学术生活和学校、科学协会及学生组织具有了国际特征。高等教育进一步国际化，体现在课程内容世界化、交换办学经验、交换情报资料、参与世界学术活动和合作研究与开发项目、交换学者和互派留学生、国际互联网的建立等方面。高等教育进一步国际化将有助于缩小国家之间、地区之间在科技方面的差距，有助于增进人与人之间和民族与民族之间的了解。

（五）高等学校与企业界密切合作

传统大学虽然经过几百年的发展，具备了教学、科研和服务三大职能，但是长期以来它们总是坚守自己的学术堡垒，与企业界少有联系。可是到 20 世纪七八十年代，这种情况有了很大的改变。其主要原因是科学技术的快速发展把高等学校推到新的科技革命的前沿，承担起国家科技创新体系的主力军的任务，但国家支撑的教育经费却在不断减少。

因此，从 1981 年开始英国的大学率先扔掉"反商业"的观点，积极与企业界联系。例如，成立于 20 世纪 60 年代的英国华威大学，先后建立了沃里克制造业集团、工商管理硕士和行政官员训练课程、会议中心、沃里克科学园区等单位，创收大量资金，同时学科得到很大发展，成为"英国最受人欢迎的大学之一"。法国、美国等国的大学也在 20 世纪七、八十年代加强了与企业界的联系。

法国 1989 年的《高等教育法》强调，大学要重视把科研转变为生产力，政府鼓励大学面向社会，通过提供科技服务满足工业界的需要。美国白宫科学委员会在 1986 年提出了《重建伙伴关系》的报告，指出美国要重建大学与工业间的相互关系。在这个思想推动下，国家基金会在大学建立了一批工程研究中心（ERC）。

正是由于大学积极与企业联系，出现了教育机构（尤其是科技人才密集的名牌大学）对产业活动的主动介入、校办科技型企业的兴起、对学校品牌和收益的主动追求、教育界"产业意识"的觉醒和"企业家精神"的增强。这不仅开拓了高等教育的财源，同时拓展大学的教学和研究领域，促进了大学的发展。

三、我国高等教育的发展任务

2010年7月，我国颁布实施的《国家中长期教育改革和发展规划纲要（2010—2020年）》（以下简称《纲要》），对新形势下我国高等教育的发展提出了明确的目标和要求。

《纲要》指出：当今世界正处在大发展大变革大调整时期。世界多极化、经济全球化深入发展，科技进步日新月异，人才竞争日趋激烈。我国正处在改革发展的关键阶段，经济建设、政治建设、文化建设、社会建设以及生态文明建设全面推进，工业化、信息化、城镇化、市场化、国际化深入发展，人口、资源、环境压力日益加大，经济发展方式加快转变，都凸显了提高国民素质、培养创新人才的重要性和紧迫性。中国未来发展、中华民族伟大复兴，关键靠人才，基础在教育。面对前所未有的机遇和挑战，必须清醒认识到，我国教育还没有完全适应国家经济社会发展和人民群众接受良好教育的要求。教育观念相对落后，内容方法比较陈旧，中小学生课业负担过重，素质教育推进困难；学生适应社会和就业创业能力不强，创新型、实用型、复合型人才紧缺；教育体制机制不完善，学校办学活力不足；教育结构和布局不合理，城乡、区域教育发展不平衡，贫困地区、民族地区教育发展滞后；教育投入不足，教育优先发展的战略地位尚未得到完全落实。接受良好教育成为人民群众强烈期盼，深化教育改革成为全社会共同心声。

对我国高等教育的发展，《纲要》提出：到2020年，基本实现教育现代化，基本形成学习型社会，进入人力资源强国行列，实现更高水平的普及教育。基本普及学前教育；巩固提高九年义务教育水平；普及高中阶段教育，毛入学率达到90%；高等教育大众化水平进一步提高，毛入学率达到40%；扫除青壮年文盲。新增劳动力平均受教育年限从12.4年提高到13.5年；主要劳动年龄人口平均受教育年限从9.5年提高到11.2年，其中受过高等教育的比例达到20%，具有高等教育文化程度的人数比2009年翻一番。

在《纲要》的总体战略部分，对我国高等教育的发展明确提出了五个方面的发展任务。

（一）全面提高高等教育质量

《纲要》指出，高等教育承担着培养高级专门人才、发展科学技术文化、促进社会主义现代化建设的重大任务。提高质量是高等教育发展的核心任务，是建设高等教育强国的基本要求。到2020年，高等教育结构更加合理，特色更加鲜明，人才培养、科学研究和社会服务整体水平全面提升，建成一批国际知名、有特色、高水平的高等学校，若干所大学达到或接近世界一流大学水平，高等教育国际竞争力显著增强。

（二）提高人才培养质量

确立人才培养在高校工作中的中心地位，着力培养信念执着、品德优良、知识丰富、本领过硬的高素质专门人才和拔尖创新人才。

1. 加大教学投入

把教学作为教师考核的首要内容，把为低年级学生授课作为重要制度。加强实验室、校内外实习基地、课程教材等基本建设。

2. 深化教学改革

推进和完善学分制，实行弹性学制，促进文理交融。支持学生参与科学研究，强化实践教学环节。加强就业创业教育和就业指导服务。创立高校与科研院所、行业、企业联合培养人才的新机制。全面实施"高等学校本科教学质量与教学改革工程"。

3. 严格教学管理

健全教学质量保障体系，改进高校教学评估。充分调动学生学习积极性和主动性，激励学生刻苦学习，增强诚信意识，养成良好学风。

4. 大力推进研究生培养机制改革

建立以科学与工程技术研究为主导的导师责任制和导师项目资助制，推行产学研联合培养研究生的"双导师制"。实施"研究生教育创新计划"，加强管理，不断提高研究生，特别是博士生的培养质量。

（三）提升科学研究水平

充分发挥高校在国家创新体系中的重要作用，鼓励高校在知识创新、技术创新、国防科技创新和区域创新中做出贡献。大力开展自然科学、技术科学、哲学社会科学研究。坚持服务国家目标与鼓励自由探索相结合，加强基础研究；以重大现实问题为主攻方向，加强应用研究。

促进高校、科研院所、企业科技教育资源共享，推动高校创新组织模式，培育跨学科、跨领域的科研与教学相结合的团队。促进科研与教学互动、与创新人才培养相结合。充分发挥研究生在科学研究中的作用。加强高校重点科研创新基地与科技创新平台建设。完善以创新和质量为导向的科研评价机制。积极参与马克思主义理论研究和建设工程。深入实施"高等学校哲学社会科学繁荣计划"。

（四）增强社会服务能力

高校要牢固树立主动为社会服务的意识，全方位开展服务。推进产学研用结合，加快科技成果转化，规范校办产业发展，为社会成员提供继续教育服务。开展科学普及工作，提高公众科学素质和人文素质。

积极推进文化传播进程，弘扬优秀传统文化，发展先进文化。积极参与决策咨询，主动开展前瞻性、对策性研究，充分发挥智囊团、思想库作用。鼓励师生开展志愿服务。

（五）优化结构办出特色

适应国家和区域经济社会发展需要，建立动态调整机制，不断优化高等教育结构。优化学科专业、类型、层次结构，促进多学科交叉和融合。重点扩大应用型、复合型、技能型人才培养规模,加快发展专业学位研究生教育,优化区域布局结构,设立支持地方高等教育专项资金,实施中西部高等教育振兴计划。新增招生计划向中西部高等教育资源短缺地区倾斜,扩大东部高校在中西部地区招生规模,加大东部高校对西部高校对口支援力度。鼓励东部地区高等教育率先发展。建立完善军民结合、寓军于民的军队人才培养体系。促进高校办出特色,建立高校分类体系,实行分类管理。发挥政策指导和资源配置的作用,引导高校合理定位,克服同质化倾向,形成各自的办学理念和风格,在不同层次、不同领域办出特色,争创一流。

加快建设一流大学和一流学科。以重点学科建设为基础,继续实施"985工程"和优势学科创新平台建设,继续实施"211工程"和启动特色重点学科项目。改进管理模式,引入竞争机制,实行绩效评估,进行动态管理。鼓励学校优势学科面向世界,支持参与和设立国际学术合作组织、国际科学计划,支持与境外高水平教育、科研机构建立联合研发基地。加快创建世界一流大学和高水平大学的步伐,培养一批拔尖创新人才,开设一批世界一流学科,研发一批国际领先的原创性成果,为提升我国综合国力贡献力量。

同时,《纲要》还针对完善中国特色现代大学制度提出了明确的要求:要完善治理结构,公办高等学校要坚持和完善党委领导下的校长负责制,健全议事规则与决策程序,依法落实党委、校长职权,完善大学校长选拔任用机制,充分发挥学术委员会在学科建设、学术评价、学术发展中的重要作用。

探索教授治学的有效途径,充分发挥教授在教学、学术研究和学校管理中的作用。加强教职工代表大会、学生代表大会建设。发挥群众团体的作用,加强章程建设。各类高校应依法制定章程,依照章程规定管理学校。尊重学术自由,营造融洽的学术环境。

全面实行聘任制度和岗位管理制度。确立科学的考核评价和激励机制。扩大社会合作。探索建立高等学校理事会或董事会,健全社会支持和监督学校发展的长效机制。探索高等学校与行业、企业密切合作共建的模式,推进高等学校与科研院所、社会团体的资源共享,形成协调合作的有效机制,提高服务经济建设和社会发展的能力。推进高校后勤社会化改革。

建立专业评价机制。鼓励专门机构和社会中介机构对高等学校学科、专业、课程等的水平和质量进行评估。建立科学、规范的评估制度。探索与国际高水平教育评价机构相合作,有中国特色的学校评价模式。制定高等学校质量年度报告发布制度。

四、我国高等教育的发展趋势

我国高等教育的改革面临新的任务。

(一)在发展方向上

未来我国的高等教育要以提高质量为导向,提高教学质量是各级各类学校办学的永恒主题。教育部从2003年开始实施了"高等学校教学质量与教学改革工程",此后每年都把提高教学质量作为工作重点，之后又启动规模更大的"教学质量工程"。《国家中长期教育改革和发展规划纲要（2010—2020年）》提出：高等教育承担着培养高级专门人才、发展科学技术文化、促进现代化建设的重大任务。提高质量是高等教育发展的核心任务，是建设高等教育强国的基本要求。到2020年，高等教育结构更加合理，特色更加鲜明，人才培养、科学研究和社会服务整体水平全面提升，建成一批国际知名、有特色、高水平的高等学校，若干所大学均达到或接近世界一流大学水平，高等教育国际竞争力显著增强。

（二）在发展路径上

要以加强世界一流大学和高水平大学建设为重点。我国要实现长时期持续健康发展，增强自主创新能力，建设创新型国家和人力资源强国，必须以更加广阔的视野、更加开放的姿态、更加执着的努力，加快推进建设世界一流大学和高水平大学的步伐。要采取强有力的措施，集中国家力量，加大投入，促进我国世界一流大学和高水平大学建设的新的发展。

（三）在发展机制上

要注重自我约束、自我发展，构建高等学校可持续发展良性机制。目前，一些高校仍注重在数量上发展，注重规格升级，注重更改校名。这反映了我国高等学校仍然在不断地发展、改革、调整和转型之中，也说明高等学校内部尚未完全建立良性的、以质量提高为主的机制。

为防止和限制过度的外延式发展，不仅需要必要的管理和限制，更需要通过制度建设，促使高等学校建立自我约束和自我发展的机制，推进高等学校的健康发展。

（四）在人才培养上

要牢固确立人才培养在高校工作中的中心地位，着力培养信念执着、品德优良、知识丰富、本领过硬的高素质专门人才和拔尖创新人才。加大教学投入。教师要把教学作为首要任务，不断提高教育教学水平。加强实验室、校内外实习基地、课程教材等教学基本建设。

（五）深化教学改革

推进和完善学分制，实行弹性学制，促进文理交融。支持学生参与科学研究，强化实践教学环节，推进创业教育。创立高校与科研院所、行业企业联合培养人才的新机制。全面实施高校本科教学质量与教学改革工程。严格教学管理，健全教学质量保障体系，充分调动学生学习积极性和主动性，激励学生刻苦学习，奋发有为，增强诚信意识。改进高校教学评估，加强对学生的就业指导服务。

（六）在改革内容上

着重处理好政府依法管理与学校依法自主办学的关系。深化高等教育体制改革，明确中央政府和地方政府在高等学校的管理和投入上的职责权限。改进高校自主权和政府行政权之间的关系，规范政府及其职能部门、高等学校主管部门与高等学校的管理职责权限，落实高等学校办学自主权。深化高等学校内部体制改革，加大推进依法治校的力度，进一步推动高等学校制度建设，促进高等学校形成法律治理结构。坚持和完善党委领导下的校长负责制，健全学校的领导管理体制，健全高等学校的决策、议事、监督机制，发挥教授在治学中的主导作用，保障教职员工和学生参与学校民主管理的权利。同时，加强对高等学校的法律监督。

（七）在组织功能上

明确赋予高等学校繁荣社会主义先进文化的重要任务。高举中国特色社会主义理论伟大旗帜，强化高等学校的综合研究力量和哲学社会科学研究力量，对于世界形势发展、国际政治经济文化教育现象阐述自己的观点，对于当代中国特色社会主义的重要问题进行深入的研究，形成中国特色的社会理论体系和文化解释体系，努力掌握当代文化发展和意识形态的话语权。同时，促进大学文化发展，倡导大学精神确立，形成高等学校良好的思想政治和文化建设氛围，为推动社会主义文化繁荣和创新做出自己的贡献。

（八）在新的历史条件下，我国高等学校也发生了新变化

1.高校功能发生了巨大的变化

探讨高校管理体制变革，最基本的前提就是要准确把握高校新的功能定位。不了解高校的功能，就无法思考高校管理体制改革的必要性，更无法创新高校发展模式。现在普遍认同大学具有三大功能，即人才培养、科学研究和社会服务。但大学从其诞生以来，聚集大量科技、文化精英，通过知识传播、知识创造，以及与社会的互动对社会文化有着巨大的影响。也就是说，大学具有与生俱来的、更为独有的、影响更为深远的引领文化的社会功能。

高校不仅具有传统的传播学术思想和知识体系的学术功能，维护和宣传意识形态的政治功能，提升公民整体素质的社会功能。同时，在市场经济体制下，高校还具有以人力资源培育为主导目标的经济功能。高校管理体制改革的目标之一，就是要建立调动教师教书育人积极性和学生学习积极性的良好运行机制，达到提高教师水平、培养学生能力的最终目的，进而实现大学的四大功能。

2.高校管理权力主体发生了重大变化

计划经济体制下，政府对包括高校在内的教育事业长期实行集权式管理。随着经济体制改革向纵深发展，各类市场主体逐渐进入一直相对保守的教育领域，政府的教育垄断地位受到动摇。高校管理权力主体的变化，使社会可利用的教育资源迅速增多，传统的精英教育向大众教育回归，作为公共服务形式的高等教育也从纯公共产品向准公共产品回归，高等教育服务产品的生产和供给途径，不仅有政府的公共途径，而且有非政府的市场途径。"政府的公共教育权力受到市场机制的牵制和制约""市场的介入正促成一种新的教育资源分配方式和人才培养模式的产生，教育政策创新需求也随之而生"。

3. 作为服务产品的高校教育效用发生了根本性改变

作为服务产品的高校教育效用即指大学生的求学目标,但用教育经济学的话语体系来讲,它包含了更广泛的含义。计划经济体制时期,人们上大学毕业后即成为国家干部,接受的高校教育是"公共产品",大学生当然地得为"公家"工作一辈子,即使改变工作单位,也不是"跳槽"而是"调动"。大学生在高校学到的知识,不是个人的"智力财产",而是没有知识产权的非营利品。那个时期接受高校教育的个体,并不考虑自己一生中教育的投入产出效益。当今的大学生,他们的求学目标具有多元性,高校教育不再只是"公共产品"。

今天大学生接受教育服务的"效用",除具有一般的提升为社会服务的公民素质之外,更重要的在于职业技能的需要、创业能力的培养,并把其作为个人自我价值实现的某种手段。高校教育作为一种"准公共产品",与传统的"公共教育"相比,不仅在效用形式上由单一化向多元化转变,而且在实现效用的方式上也由长期性向非长期性转变,个人教育投入产出还受到边际报酬递减或递增规律的制约。

4. 高校教育形式发生了新的变化

除传统的校园式高校教育之外,诸如成人教育、远程教育、网络教育等新的教育形式不断涌现。高校教育形式的变化,还突出地表现为改革传统的教学形式的要求越来越严格。传统的"满堂灌"教学,注重知识本位培养的"逻辑推理式"教学,偏好于"通用"教材的"本本主义"教学,强调教师中心地位的考试制度等,在高校扩招速度加快、教育资源十分紧缺的客观条件下已不适应。

自由式的课堂讨论、案例教学、多样化的课程体系和教材体系、开放式的考试制度等,给高校教学形式改革带来了新气象。这些新的教育形式变革以及在探索过程中引发的争鸣,也为进一步推动高校教育形式变革提出了更高的要求。

总之,当今高校管理体制改革立足于高校管理实践的基础之上,其目的在于,在高等教育理念革新的指引下,努力推动高校管理体制实现"三个转变",即在高等教育理念上,把高等教育当成人们的公共服务需求,而不只是政府单一管制下的社会管理工具;在高等教育的社会功能作用上,把高等教育当成社会公共事业,而不只是政府的行政职能;在高校的社会地位定位上,把高校看作一个拥有充分自主权的组织,而不再只是政府的一个部门或附属机构。

第二章 高等教育管理概念解析

明确高等教育管理的目标，遵循高等教育管理的规律和坚持高等教育管理的基本原则，是实行高等教育管理的起点和前提。目标、规律和原则反映了一定的社会观和价值观，体现了某种管理哲学。高等教育管理的目标、规律和原则渗透在管理工作的各个方面，贯穿于高等教育管理工作的全过程。

第一节 高等教育管理目标

一、目标及高等教育管理目标

（一）目标的含义和特性

目标就其词义来说，是指目的，如为一个共同的目标而奋斗。具体来说，目标是指在一定环境条件下和一定范围内，个人群体或组织以预测为基础，按一定的价值观，对自身行为所确立并争取达到的最终结果的标准、规格或状态。

目标是主观见之于客观的东西。一方面，目标集中反映人们的设想、愿望，体现其意识的主观能动性；另一方面，目标又超前反映未来的标准或状态，体现其存在预想的客观现实性。因此，作为目标，要使主观需要和客观尽可能保持一致。目标具有以下特性。

1. 未来的导向性

目标属于方向的范畴，为人们展现未来的经过努力可以达到的前景。目标是对未来的预测，是超前思维的产物，对人类的实践活动具有引导作用。任何组织、部门要想提高其管理效能，都必须制定某种方向维系和组织各个方面，以指引单位成员共同活动。只有使目标的影响渗透到各项工作中，才能达到鼓舞士气、增强凝聚力、提高工作效率和效益的目的。

2. 主客观的统一性

目标既是由人所设想和确立的，是"观念地存在着"的东西，又总是人对客观认识的反映。人对客观现实有了正确的认识，才可能制定出正确的目标。正确的目标，必然是主观设想和客观存在的统一。主观和客观的高度统一性，是保证目标正确性的前提和基础。

3. 社会的价值性

目标不是组织自身所能完全决定的，也不纯粹是个人意愿的表现。按照系统论的观点看问题，任何组织都是社会中的或大或小的分子，其存在和活动的方式均受社会的制约。因而目标的确立必然反映社会的要求。这种基于客观现实、体现主观意志、反映社会要求的目标是人们认同的一种方向，其一经确立，便具有使人们为之崇尚和追求的价值。

4. 系统的层次性

目标不可能是单一的，各级目标纵横排列，形成了层次结构。一般来说，上一层次的实现目标的措施，成为下一层次的目标；达到下一层次的或局部的目标，是为实现上一层次或总体的目标服务的。高层次的目标往往从宏观角度出发，体现其战略性和概括性的特点；而低层次的目标往往从微观角度出发，反映出战术性和具体性的特点。

目标有从属目标和递进目标，有隶属层次（总体、部门、个体）、时间层次（远期、中期、近期）、要求层次（高级、低级），构成目标系统。

5. 过程的实践性

目标的实现是连续性和阶段性相统一的过程，也是完成主观走向客观的过程。这一过程归根结底是实践的过程，离开实践就不可能制订出正确的目标，就谈不上目标的实现。因为目标总是在认识、实践、再认识、再实践的过程中制定、调整和实现的。

（二）高等教育管理目标的含义和规律

1. 高等教育管理目标

高等教育管理目标是指高等教育主体根据实现高等教育目的的要求，对各项高等教育管理活动中管理对象在一定时期内所要达到的预想结果做出的标准规定。从根本上讲，与高等教育的育人目的是完全相统一的。随着高等教育改革的不断深入，高等教育与社会的经济、政治、文化等各个方面的联系日益密切，相应地，也日益承担起更多的社会职能。它需要面对各种各样的社会期望，尽力满足多方面对知识和人才的需求，这就带来了高等教育管理目标的多样化。

2. 高等教育管理目标的规律

高等教育既具有外部规律，又具有其内部规律。外部规律是指高等教育必然受到社会诸因素的制约和必须为社会的政治、经济和文化等方面服务的规律。内部规律是指高等教育必须遵循人的认知、成长和发展规律以及人才培养规律。

从外部规律和内部规律的划分方法出发，高等教育的管理目标，可以划分为外部目标和内部目标。外部目标是反映高等教育社会功能，即在经济发展和社会进步中所起作用的目标。内部目标则指反映高等教育活动状态的目标，如教育目的、要求、途径、质量、水平、条件保证等方面的目标。因而，外部目标可以说是功能性目标，内部目标则可以说是状态性目标。

外部目标体现在高等教育主管部门对教育活动的决策和控制上，内部目标则体现在高等教育实施部门（高等学校）对自身价值的追求上。

二、高等教育管理目标确立的意义

（一）高等教育管理目标确立的意义

在高等教育管理活动中，确立其管理目标具有十分重要的意义。

1.目标是高等教育管理的出发点和行动依据

目标具有决定管理活动方向的作用。高等教育管理目标，决定高等教育管理活动的方向和任务，规定高等教育管理活动的内容，影响高等教育管理活动的途径和方法。高等教育管理活动，是为了最终有效地实现高等教育管理的目标。没有目标的高等教育管理就失去了方向和意义。高等教育管理活动的全过程应着眼于对目标的管理，高等教育的一切管理活动要围绕着高等教育管理目标这一根本任务去实现。

2.目标是调动高等教育管理者自觉性的重要手段

目标具有激励和鼓舞作用。做任何事都要注重效果，高等教育管理也不例外。虽然效果的取得受多种因素的影响，但与人的自觉性和有效性是直接相关的。自觉性越高，有效性就越大。因此，确立并使管理者明白高等教育管理的目标，才能使之形成自发的思考和积极的行为，进而产生热情和激情。

3.目标是处理高等教育管理主客体矛盾的必要条件

目标具有修正、完善作用。目标既是预期可以达到的，也是需要经过一定的努力才能达到的。确立目标的全过程，也是分析和认识主客体矛盾的过程。实现管理目标的努力过程，也是发现矛盾、处理矛盾和最后解决矛盾的过程。

4.目标是检验高等教育管理效果的依据

目标具有评估作用。检验高等教育管理的效果，主要不是看做了多少事情，而是要依据原来确定的高等教育管理目标检验实际管理活动的效果，做那些事倍功半的事情是与科学管理的要求相悖的。只有确立高等教育管理目标，才能检验其管理成效的高低和效果的大小，才能使高等教育的评估有迹可循。

（二）高等教育的目标管理

高等教育目标管理是高等教育管理者引导高等教育实施部门以及全体成员共同确定高等教育管理目标及其体系，以目标为中心，明确各自责任并发挥各方面主动精神，协调和控制培养各类高级人才的工作进程，检查和评估完成状况的组织活动。简言之，就是一种对高等教育目标的确定、实施和评估全过程的管理。

高等教育的目标管理，其基本含义包括以下内容。

（1）高等教育目标管理和高等教育管理一样，均是高等教育的组织活动。但目标管理活动的特点是"以目标为中心"，与高等教育的计划管理、质量管理等有所区别。

（2）任何活动都是有过程的，在高等教育目标管理的活动过程中，目标是贯穿始终的主线，表现在目标的制定、执行、检查和评估等方面。

（3）高等教育目标管理的提出和发展，关注人的同时，也注重人和工作的结合。必须使各层管理者和被管理者明确自身的责任，提高自觉性，做到自我控制、自我检查和自我评估。

高等教育管理的核心是高等教育的目标管理。目标管理活动的一般程序是目标制定、目标实施、目标检验、目标价值。这与一般常规管理过程中的四大环节，计划—执行—检查—总结，基本上是一致的。因此，围绕高等教育的目标管理的过程，就能更好地实现高等教育的有效管理。

三、高等教育管理目标确立的依据

高等教育管理目标的确定，需要科学的依据。高等教育管理目标是整个高等教育发展目标的一部分，它的确立必然受制于高等教育发展的各个方面的因素。确立高等教育管理目标，既要适应社会发展的外在要求，又要符合高等教育发展规律的内在需要，还要考虑高等教育管理对象的诸多因素的不同状况。

（一）高等教育管理目标确立的社会发展依据

确立高等教育管理目标，必须把高等教育的发展放在整个社会发展中考察。当今社会，科学技术突飞猛进，综合国力竞争日趋激烈。为了迎接新时期的挑战，国家制定了"科教兴国"的战略，从而为高等教育的发展提供了良好的机遇。

人类社会的发展，至今经历了从原始社会向农业社会的第一次转变和从农业社会向工业社会的第二次转变。今天，人类社会正经历着从工业经济时代向知识经济时代的第三次转变。知识经济是以知识资源为第一生产要素的经济，是以高技术产业为支柱产业的经济，知识经济的基本要求和内在动力在于知识创新和技术创新。

目前，我国的科学技术水平还不高，发展很不平衡，科技进步对经济发展的贡献率只有30%。就知识经济的整体发展水平来说，比美国要落后40多年。我国只有主动迎接知识经济的到来，实施正确的"科教兴国"发展战略，才能迎头赶上发达国家，从而在国际竞争中争取主动地位。

迎接知识经济、实施"科教兴国"的主要对策有以下两点：

一是建立国家知识创新和技术创新体系，尽量使我国的科学技术，特别是高科技和高新技术产业有较大的发展。

二是深化教育改革，积极培养具有创新能力的人才。这就使以创新知识和培养创新人才为己任的高等教育面临着新的挑战。

（二）高等教育管理目标确立的教育发展依据

实行高等教育管理，旨在为高等教育的改革和发展服务，最终实现高等教育目的。高等教育的发展离不开党的教育方针和政策的指导，高等教育管理应根据党的教育方针和政策目的要求来确定其目标。

1. 现代高等教育的改革和发展

要求人们必须注视和研究国际经济、科技的发展趋势，增强教育的开放意识，认真借鉴世界各国的有益经验，从而加快发展我国的高等教育事业。这要求高等教育管理目标的确立既要围绕国家和社会对高等教育发展的基本要求，又要体现在管理理论上的科学性、管理理念上的时代性、管理实践上的高效性、管理内容上的切实性、管理过程上的目的性。

2. 高等教育管理目标的确立

如果缺少管理科学的思维方式，就不能使其目标合情合理、切实可行，就难以达到实行目标管理的目的。

如果缺少时代特征，就不能使其目标符合高等教育改革与发展的要求，就有违高等教育管理的初衷。

如果不能使其操作简便、明了、易行，就不易被管理的主客体双方接受，就难以达到事半功倍的效果。

如果其内容要求不切实际，不考虑各地、各层次、各类型的具体情况，就难以真正为高等教育的改革与发展服务。

如果在实行其全过程的各阶段要求不明确，就会造成操作中的盲目性，并且难以在实践中加以修正操作，就不可能达到最后目标的要求。

3. 以高等教育发展为依据

高等教育的改革和发展，旨在更快更好地实现高等教育的目的，这一目的集中反映在国家和社会对人才的需求上。只有以高等教育发展为依据，才能体现管理目标的确立，为培养社会主义建设要求的人才服务。

（三）高等教育管理目标确立的工作目的物依据

高等教育管理对象包括人、财、物等多种类型，通常称之为管理工作的目的物。在人、财、物各类管理对象中，人是最为关键的，因为财和物的管理最终均是由人来实现的，从这层意义上来说，高等教育管理的对象主要是人。由于人的层次、素质和水平的差别，高等教育管理的具体目标有所不同。如果不依据高等教育管理对象的不同层次和具体情况，把目标定得过高或过低，都会影响高等教育管理工作的成效。

高等教育管理对象具有双重性，既是管理者，又是被管理者。较之于高层管理者而言，中层管理者则是被管理者；较之于中层管理者而言，基层管理者则是被管理者；而基层管理者又是具体事物的管理者。不可否认，在当前高等教育管理对象不同层次的人员中，其整体素质，无论从思想观念、文化水平，还是业务能力，与以前相比都有所提高。但是，随着高等教育的不断发展，高等学校结构布局的调整和管理体制改革的深入，部分人的育人观念、时代观念、敬业观念、服务观念等适应不了形势发展的要求，心理承受能力不足，主人翁意识不强。

如果对上述情况不作深入的了解和具体的分析，那么就难以制定出切合实际的具体目标。另外，由于各地区发展的不平衡造成的高等教育发展的不平衡，显示出高等教育管理的差异性。如果在制定目标时不考虑不同地区管理水平及要求的差异性，对发达地区和不发达地区采取"一刀切"的笼统管理模式，那么其目标就会变得空洞并造成操作过程的不切实际，从而使确立的目标流于形式。

四、高等教育管理的目标模式

高等教育管理的目标模式包括管理目标确立的理性模式、渐进模式和综合模式。

（一）管理目标确立的理性模式

理性模式主要的要求是切实，即目标的制定者根据完备的综合信息、客观的分析判断，针对许多备选的目标方案进行论证评估，排定优劣顺序，估计育人的成本效益，预测可能产生的影响，经比较之后选择最佳方案。这种模式是以理性的行为作为选择基准的。理性的行为是扩大目标成就的行为，是根据客观资料，确立目标手段的行为。

理性模式的最终目的，是希望能够设计出一套程序，使管理者利用此程序，能够确立一个有最大"净价值成效"的合理目标，即希望能花最小的代价，获取最大的成果。而具有最大"净价值成效"的目标，就是一项理性的目标。"净价值成效"是指目标所要求的效果大于其付出的价值。在这个意义上，理性和效率意义相同。效率是价值输入和价值输出的比例。一个理性的目标就是效率最大的目标，目标所要求的价值与其在实行过程中所付出的价值之间的比值大于 1。理性模式是人们在追求理性目标努力下创造的，是对理性目标制定过程中的一种概括和抽象。

理性模式要求应满足的条件是：

（1）知道所有的教育要求及其相对的重要性。

（2）知道可能的多种目标方案。

（3）知道各种目标方案可能产生的结果。

（4）能估计目标方案所能实现的与不能实现的教育要求的比值。

（5）能选择最佳的目标方案。

在这个模式中的理性，是指人们不仅要能知晓、权衡整个教育要求的实现程度，而且要有关于目标方案的详尽资料、正确预测各种目标方案后果的能力，以及能准确把握管理成本与育人要求的操作程序。

理性模式可以促进高等教育管理目标确立的合理性，使内容切实、要求适中、操作可行。然而，由于管理者的能力和掌握的知识有限，其目标的确立不可能完全满足理性化的要求，从而需要通过渐进的方式加以修正。

（二）管理目标确立的渐进模式

渐进模式的主要要求是调适（或修正），即运用"边际调适科学"的方法，以现行的目标为基础，通过时段的实践，再与其他方案相比较，然后决定哪些内容需加修改，以及应该增加哪些新的内容。

1. 渐进模式的内涵

（1）管理者不必去建立与评估所有的目标方案，只需着重于那些与现行目标有渐进性差异者即可。

（2）管理者只需考虑有限的目标方案，而非所有备选方案。

（3）管理者对每个方案只需论证几个可能产生的重要结果。

（4）管理者面临的问题一直在被重新界定，注意要求—手段与手段—结果的调适，使其过程的问题较易处理。

（5）高等教育管理的问题尚缺乏最好的解决方案，需要在目标实行过程中不断发现问题和逐渐解决问题。

（6）渐进模式具有补救性质，适合解决现实的与具体的问题，对目标趋势进行修正。

（7）渐进模式在于边际的比较，根据边际效果进行抉择，并不全面考虑每一项计划或每一个方案，所确立目标的优劣情况取决于管理者态度一致的程度。

与理性模式相比较，渐进模式较接近实际的管理情况，模式的构架较为精致完美。就管理者的个性特征而言，渐进模式也比较可行。渐进模式受到对现行目标成效的满意程度、问题性质改变的程度、现有可选方法中新方法的数量等条件的限制。如果现行目标的成效不能令人满意，则渐进模式就无法适用，现行目标仍有成效，是采用渐进模式的基础；如果问题的性质发生变化，那么渐进模式也无法适用，现有方法中，新方法数量多，则使用渐进模式的可能性就减少了。

2. 渐进模式的应用

渐进模式的应用须具备下列条件：

（1）现有目标的成效，大体上能满足高等教育管理主客体双方的需要，从而使边际变迁在目标效果上能充分显示其新收获。

（2）管理者所面对的问题，在本质上必须是一致的，换言之，不同管理者对问题的看法基本是一致的。

（3）管理者有效处理问题的方法，需要具有高度的共同性。

以上条件，对渐进模式的效度（应用价值）具有决定性的影响。在高等教育改革和发展的形势下，新问题层出不穷，其管理上的渐进改变已难以适应实际需要，渐进模式的缺点也就开始凸现。

（三）管理目标确立的综合模式

综合模式是为了发扬理性模式和渐进模式之长，避二者之短而构造的一种控制模式。这种模式的主要要求是追求最优化。

从广义上讲，凡是将两种或两种以上的模式混合使用、有机结合的模式都可以称为综合模式。但是，在当代高等教育目标的确立过程中，几乎所有的综合模式都包含理性成分。因此，广义上的模式都是理性与其他模式的结合。鉴于综合模式的多样性，在这里仅列举规范最佳模式和综合模式两种。

1. 规范最佳模式

规范最佳模式吸收了理性模式的主要优点，此外，还把艺术的方法和规范科学的手段结合起来，如利用专家直觉、经验判断设计新的方案，进行各种可行性研究。在具体分析中，该模式还借用各种定性方法弥补诸多因素难以量化的不足。规范最佳模式主要有以下步骤：

（1）认清某些价值、目的和目标要求。

（2）探讨实现目的的目标方案，特别是创造新的方案。

（3）通过论证有限的备选方案的预期效果，并按优劣排序，获得事半功倍的发展方案或革新方案。

管理者依据渐进模式检查现行目标及其执行情况，然后利用各种目标分析的方法，与新目标进行比较并预测新方案的可能后果及期望值。规范最佳模式还把调适目标确立的质量，调适目标确立系统本身，提高目标确立参与者的个人素质，建立必要的机制，进行必要的培训等认为是模式考虑的内容，将其包含到模式中来。

规范最佳模式首先基于对现行目标的检查和论证，从而吸收了渐进模式的优点，它又吸收了理性模式的操作性方法，这就保证了方案的相对最优化。规范性的含义在于有一套目标确立的程序，还表现在它有系统的思考，即把一般意义上的控制与目标确立系统的改进联系在一起，这样规范化模式就包含了渐进模式和理性模式中的合理成分，成为更富有实用价值的模式之一。

2. 综合模式

综合模式一方面应用理性模式，宏观审视一般的目标要素，分清主次，选取重点；另一方面应用渐进模式探讨经过选择的重点，避免寻找所有可行的备选方案，也避免了对与目标无关的次要细节和次要方案的全面分析，不耽于细枝末节，而忽视基本的目标要素。这就克服了理性模式和渐进模式的不足。

综合模式在选定方案的审视方面，注重使用理性模式创造新方案，克服渐进模式的保守倾向。同时对重点问题、规格要求及主要的备选方案，则注意用渐进模式方法考察，注意与已有的目标进行比较，以拟定优化切合实际的具体方案，克服理性方法的不现实性。

（1）与规范最佳模式一样，综合模式也提供了一个搜集、分析、利用有限资料的特定程序和资源分配的策略标准。

（2）与理性模式相比，综合模式缩减了考察范围，节约了大量的时间、精力和资源。

（3）与渐进模式相比，它借助理性模式客观的方法对各种主要备选方案进行精细的调适，从而提高了方案的可靠性，又给创新方案提供了机会。因此，综合模式更具体可行。

第二节　高等教育管理规律

要研究高等教育管理，就必须认识和掌握高等教育管理的客观规律。由于高等教育管理是一门新学科，目前人们还没有科学准确地概括出它的基本规律，但有一些学者对此提出了富有启发性的见解，对高等教育管理规律做了初步探讨。

一、自然属性与社会属性相统一的规律

高等教育管理的自然属性，是指高等教育管理活动在本质上具有不因社会条件和时代背景而变化的稳定性；高等教育管理的社会属性，是指高等教育管理活动随社会形态的变化和历史发展过程中所形成的特殊个性而呈现不同特征的性质。

（一）高等教育管理的自然属性

高等教育管理的自然属件主要表现在以下三个方面。

1. 高等教育管理的普遍性

即高等教育管理是普遍存在的，不论哪个国家，哪个历史时期，只要存在高等教育活动，就存在对培养高级专门人才的活动进行管理的必要。

2. 高等教育管理的共同性

即高等教育管理在各个历史发展时期都具有明显的共同点，这些共同点不因国家的政治、经济、文化等差异而有所区别，也不因历史时期的变化而消失。正因如此，中国传统高等教育管理中的优秀部分就被继承和发扬，欧洲中世纪大学的校、院制一直被现代大学所采用，还有其学位制也一直沿袭至今。

20 世纪颇具影响的教育管理思想，也曾风靡全球。如美国泰勒的科学管理学说，威尔伯·约奇和丹尼尔·格里菲思为代表的民主人际关系学说和由此发展的行为科学学说，德国的社会学家马克斯·韦伯的科层组织学说，还有美国社会学家塔尔科特·帕森斯的开放系统学说。

以上这些都可以"古为今用，洋为中用"。这些共同点来源于高等教育管理活动在其历史发展过程中形成的特点和规律，来源于人们在高等教育活动过程中遵循的一般原理。

3. 高等教育管理的技术性

高等教育管理使用的技术和方法一般不受社会制度差异的影响，各国都可以相互借鉴、学习，使用先进的管理技术和手段，如将计算机用于高等教育管理等。

（二）高等教育管理的社会属性

高等教育管理的社会属性包含以下两层含义：

1.高等教育管理具有历史继承性

即在人类创造历史的过程中，由于社会及自然环境不同，形成的各种地域文化在高等教育管理活动中留下了深深的烙印。这些"印记"在高等教育管理思想和管理信条上表现为不能超越一定的社会文化形态以及人们的社会心理状态，具有"同源文化"的国家和地区，在高等教育管理思想和管理哲学上具有很大的相似性，而"非同源文化"中所产生的高等教育管理思想和管理哲学就存在明显的差异。

2.高等教育管理具有政治性

因为高等教育管理是与权力关系联系在一起的，高等教育的体制和某些制度、政策总是社会制度和政策的一部分，是为一定的政治服务的。高等教育管理必须也只能在一定的社会历史条件下和一定的社会关系中进行，生产关系的性质不同，生产劳动的组合要素、结合方式不同，管理的社会性质也不同。

高等教育体制、管理政策总是执行和巩固一定的生产关系，实现高等教育目的。比如，以人为本的管理思想正是这一特性的体现。

自然属性和社会属性是高等教育管理活动本身所具有的两种属性，两者处于矛盾统一体中。这两种属性统一于计划、组织、指挥、协调、控制等管理职能上，根本上统一于高等教育管理效益中。

二、封闭性与开放性相统一的规律

高等教育管理的封闭性是指在高等教育管理过程中，根据高等教育管理的特殊矛盾而在高等教育系统内部自我运转和良性循环的性能；高等教育管理的开放性是指在高等教育管理过程中，根据高等教育管理的特殊矛盾而在高等教育系统与外界环境相互关系、互相作用中实现物质、能量、信息交换的性能。高等教育系统的"存在"与"发展"以及"必然"和"偶然"的矛盾统一是高等教育管理封闭性与开放性矛盾统一规律的两种典型的表现形态。高等教育的发展理论、权变理论和开放系统学说，都是以遵循这一规律为前提的。

（一）高等教育管理的封闭性

在高等教育系统内部，无论进行什么样的高等教育管理工作，首要的前提就是在相对独立、完整的高等教育系统内部，按照高等教育系统的特定目标而进行优化组合，即在高等教育系统的"投入—加工—产出"的过程中构成一个相对封闭的系统。如果没有封闭性，高等教育系统就没有相对稳定的环境，任何对高等教育系统的分析及高等教育管理的活动过程都不可能存在。这种封闭性是一种客观存在状态，是为了更好地进行高等教育管理的必然要求。

完全封闭的高等教育系统是不存在的，因为完全封闭就意味着与环境不进行任何物质、能量、信息的交换，这样的高等教育系统必然会逐渐消亡，所以高等教育系统和高等教育管理的封闭性又具有相对性。

（二）高等教育管理的开放性

高等教育系统，一方面受外界环境的制约和影响，另一方面对环境施加影响，两者之间存在着物质、能量、信息的交换，这决定了高等教育管理的开放性。这是实现高等教育系统整体特性功能目标的需要，是实现高等教育管理高效益的需要，也是高等教育系统存在和发展的物质基础和基本条件。

（三）高等教育管理的封闭性和开放性既相对立，又相统一

1.高等教育管理的封闭性和开放性是相对的

高等教育管理的封闭性的重点是强调高等教育管理系统目前的"存在"，将人力、物力、财力放在目前"存在"上会影响发展，失去了取得更大效益的机会。高等教育管理的开放性则强调高等教育管理系统的发展上，过分注意高等教育管理系统效益的最优化，忽视系统"存在"，将导致高等教育管理系统的"存在"基础动摇。

2.高等教育管理的封闭性和开放性是统一的

高等教育管理的封闭是相对的封闭，是包含开放的封闭，并在"开放的封闭"中实现自身的优化和发展。高等教育管理的开放是在一定存在基础上的开放，这种开放只有依存于相对独立的、完整的高等教育管理系统，才能和社会环境进行物质、能量和信息的交流，从而建立起新的更能适应社会发展需要的高等教育管理系统。

三、学术管理与行政管理相统一的规律

在高等教育管理中处处离不开行政管理，如制定高等教育的规划，对人、财、物等资源进行分配和调控，对计划的执行进行检查督促，协调高等教育系统中的各方面使其正常运转等。但在高等教育管理中，学术管理是很重要的方面，学术水平的高低、学术管理的成功与否，对高等教育管理的水平及其发展均有重大影响。因此，在高等教育管理中必须坚持学术管理与行政管理的统一。学术管理与行政管理的不同点主要表现在以下三个方面。

（一）指导原则不同

学术管理中要坚持学术自由的原则，提倡百家争鸣局面，这是学术繁荣的基本条件。学术上的分歧要通过开展充分自由的讨论取得共识，不能由某个权威人物说了算，也不能采取少数服从多数，即所谓的学术民主方法。学术问题只能用学术标准评判，强调科学性，要用科学实验和论证、调查研究、同行专家评估的方法，而不能采用行政管理中行政决断的方法。行政管理中由于存在抓住机遇的问题，所以强调少数服从多数的原则，适时做出

决断。但行政管理的重大决策，也要考虑其科学性、合理性，同时更强调要从实际出发，要考虑其可行性，考虑它会产生什么影响和效果。

（二）采用方法不同

在学术管理中，要根据不同学科专业的特点采用不同的方法。由于学科、专业、任务的不同，所运用的方法也就不同。因此，学术管理不能采用统一的模式，应该是多样化的管理方式。管理文科和理科的方法不一样，管理专业课和基础课的方法也不相同。行政管理则强调统一，由于它强调从全局出发，发挥高等教育的整体功能，所以，往往用集中划一的方式，用政策法令、规章制度等统一和协调高等教育管理的各方面工作。

（三）管理程序不同

学术事务的管理是依靠教授专家实行民主管理。在西方大学中，学科发展方向的选择、学术规则的制定、学术梯队的配置，甚至包括教学研究人员的选聘等问题的决策管理，都由教授讨论会决定。我国实施"863计划"，为了减少失误，在决策中也参照西方经验，实行了"首席科学家制"。在我国很多高等学校，学术事务管理上的决策，也都吸收他人经验参与讨论。行政管理是贯彻执行上级指示和领导工作意图，是一种"科层式"管理，强调下级服从上级，从上到下逐级指挥和布置，层层贯彻执行。

高等教育管理中学术管理与行政管理虽然有上述这些不同的特点，但只是相对的，学术管理与行政管理往往是交织在一起的，很难分开。特别是随着高等教育日趋大众化，高等学校规模的扩大和内部结构的日益复杂化，高等教育管理的难度也逐渐加大，这必将促进行政管理的强化。在高等教育管理中，要更加注意根据学术管理与行政管理的不同特点，采用不同的方法进行管理，并尽量协调好两者之间的关系，决不能用行政管理代替学术管理。

四、过程管理和目标管理相统一的规律

探索管理活动的过程是管理科学的核心问题之一。管理过程是为实现管理目标而执行一系列管理职能的动态过程和环节。管理活动只有按一定的程序，行使其基本职能，形成有序的管理过程和环节，才能顺利地实现管理目标。如果对管理过程缺乏综合分析，就难以揭示各部分管理工作的内在联系。

（一）过程管理

高等教育管理过程可以归纳为计划、执行、检查、总结四个环节。

1."计划"是起始环节，统领整个管理过程

计划环节包括确定目标、制订若干方案、选择决策、拟定行动计划等。制订计划最主要的内容是确定管理目标。

2."执行"是使计划付诸实施

执行环节是管理者在管理过程中实施组织、指挥、协调、控制等一系列管理职能，其内容包括建立机构，完善制度，组织人力、物力，指挥行动，协调关系，教育鼓励等。通过这些手段来协调人、财、物等各种要素的相互关系，使其效能充分显示出来，使计划得以实现，达到既定的目标。

3."检查"是对执行的监督和加强

检查环节和执行环节是结合在一起的，不是分阶段的。检查环节主要是实施管理的控制职能，其重要内容是建立反馈渠道和机构，及时提供反馈信息，以保证计划所预定的目标的实现。检查还能检验计划的正确程度，必要时采取追踪决策、调整计划、修改或补充执行措施。

4."总结"是终结环节

"总结"是对计划、执行、检查这三个环节的总检验，是用计划目标作为尺度对管理的全过程进行总评价，也是为制订新的计划提供依据，起着承前启后的作用。

由此可见，管理目标统帅、指导着管理全过程，管理过程的各个环节都是为实现管理目标服务的。高等教育管理者在管理过程中，一定要保持清醒的头脑，时刻不忘管理目标，一切为实现管理目标而奋斗；如果成天忙于事务，把手段当成目标，那就会容易迷失方向。

（二）目标管理

目标管理是运用目标指导管理过程的一种管理方法。其内容包括由管理者和被管理者根据组织的任务共同确定管理目标，包括把总目标分解为部门目标和各成员的个人目标。动员各部门和全体成员自觉地为实现各自的目标而努力工作。用管理目标检查工作的进度和评估工作的成效，根据成果实施奖惩。

高等教育管理过程还有难以控制的特点，原因有以下几点：

1. 学校教育工作的周期性长

管理效能具有滞后性，它的社会效益要在若干年以后才能显示出来。

2. 教师工作决定了其工作方式大多是个体劳动

具有很大的独立性，不像工厂生产物质产品那样按工序进行严格的分工。

3. 高等学校的"产品"（学生）很难定型化、标准化

培养学生的质量不易检验，而且学生有很大的可塑性，学生的性格、思想、智能也各有差别，在管理过程中要注意因材施教，这也增加了控制的难度。

因此，高等教育管理要把过程管理和目标管理结合起来。

五、管理与服务相统一的规律

一般来讲，管理具有两方面的职能，一是协调和控制生产关系的职能，二是组织生产的职能。在管理实践中，这两方面的职能就是指管理与服务。两者虽有区别，但又密切联

系，相互促进，是辩证统一的。服务工作做得好，有利于加强管理，而科学有效的管理本身就是很好的服务。

在高等教育管理中，必须注意根据高等教育的特点，处理好管理和服务的关系。要正确处理好高等教育管理中管理和服务的关系，关键是正确对待教育工作者，特别是高等学校中的教师。高校教师既是主要的管理对象，又是主要的服务对象。在高校中必须充分理解和尊重教师，因为办好高校，搞好教育管理，主要依靠教师组织。要尊重他们的人格和个性，理解他们具有个体的劳动方式、喜欢独立思考、遇事求真的思维习惯等特点，对他们的业务成绩要合理评价、充分肯定。

在高等教育管理中，在处理管理和服务的关系时，还必须把对上级领导机关负责和对群众负责统一起来。要管理，必然要按上级指示和规章制度办事，这是应该的，也是较为容易做到的。但高等教育管理事业的发展，必须依靠广大师生，只向上级负责，看不到群众，必然不会从实际出发解决问题，必然会挫伤教师的积极性，从而不利于高等教育管理工作的开展。

第三节　高等教育管理原则

一、高等教育管理原则确立的依据

原则是人们对客观规律的认识和反映，是指导人们观察和处理问题的准则。由于规律具有不以人的意志为转移的客观性，因此作为客观规律反映的原则也应该具有一定的客观性。任何管理活动，总是自觉或不自觉地遵循着某种原则，这就是管理原则。为了使管理活动有效，管理原则必须符合客观规律，并且不断地随着社会的变化而发展。

高等教育管理原则是从事高等教育管理时应遵循的活动准则和基本要求。它是从高等教育管理的实践活动中总结提炼出来的，反映了高等教育管理活动的特殊性规律和特点。确立高等教育管理原则，既要借鉴现代管理的一般理论，又要充分考虑高等教育管理的特殊背景；既要追求理论上的相对完备性，又要强调对实际工作的指导意义。尤其要分析各原则是否涵盖，以及在多大程度上涵盖整个高等教育管理领域，从而给高等教育管理原则以科学、客观、合乎逻辑的定位。因此，从以下几个方面分析高等教育管理原则确立的依据。

（一）既要遵循一般管理活动的客观规律，又要遵循高等教育的客观规律

管理存在自身的规律，管理活动必须遵循这些规律。一般管理活动的规律就是管理各基本要素之间内在的本质的联系和管理过程的逻辑关系。现代行政管理学的理论和方法就是对行政管理活动一般规律的认识和反映。

行政管理思想经历了工业管理、人际关系、结构主义等发展阶段。教育管理在不同场

合、不同程度上借鉴了行政管理思想。例如，人际关系理论注意到员工的积极参与、满意、合作以及士气与团体的凝聚力，有可能使生产效率得到提高。这种思想也影响到教育行政管理人员寻找方法提高教师和学生的积极性和主动性，以期最大限度地发挥他们的创造力。

虽然一般的管理理论与方法对高等教育管理原则的确立有一定的借鉴意义，但管理活动不能脱离事物本身的发展规律，高等教育管理必须遵循高等教育的客观规律。高等教育管理要按照高等教育规律的要求，调节和协调高等教育活动中的各种关系，以保证高等教育目标和任务的实现。因此，认识和掌握高等教育的客观规律，是确立高等教育管理原则的客观依据。

高等教育的一般基本规律包括两个方面：一是高等教育与社会协调发展的规律，二是高等教育与受教育者身心全面发展相适应的规律。高等教育管理原则必须以这两个规律为前提，才能避免高等教育管理与高等教育工作者之间的对立和冲突，最终提高管理效益。与一般的管理活动相比，高等教育活动存在一些特殊规律，它们构成了这门学科专门的研究领域。

例如，经济效益与社会效益的关系、人才培养与科学研究的关系、学术管理与行政管理的关系等。高等教育管理原则的制定与人们对这些特殊规律的认同密切相关。如果把外国管理著作中的理论套用到我国高等教育管理实践中，或者是生搬硬套经济领域的管理理论和原则，就会脱离高等教育的特点和规律，不可能提出正确的高等教育管理的基本原则。

（二）高等教育管理活动的特殊性

高等学校与工厂不同，作为管理对象核心的是人。工厂管理者面对的是工人，工人生产的是没有意识的物品；高等教育管理者面对的是教师和学生。教师既是管理对象又是管理者，他们面对的是有意识的学生。学生既是被教师塑造的"产品"，又有自身塑造的能力，从这个意义上说，学生也是管理者。因此，高等教育管理中要充分调动教师和学生的积极性和主动性，并为他们创造有利于独立思考、自由发挥的条件和环境。

同时，由于教师和学生都是脑力劳动者，高等教育管理过程以知识为中介，有大量的学术问题，因此要注意行政管理与学术管理的统一，这也是高等教育管理具有的特殊性。

（三）高等教育管理原则的系统性

教育管理原则不应是随机的、零散的，而应构成一个系统，具有整体性、目的性和关联性。

高等教育管理原则体系的整体性在于，各原则围绕怎样提高高等教育管理效率这一目标结合为一体，没有一条原则能脱离原则体系整体而存在。只有存在于原则体系中，每一条原则才有它的功能。而且，原则体系的功能是以整体功能而论，而不是以某一条原则的功能而论的；原则体系的整体功能不等同于各条原则功能的简单相加，各条原则只有在原则体系整体功能目标即提高高等教育管理效率的指导下，以合理的方式相互联系在一起并充分发挥各自功能，才能保证原则体系整体功能的实现。

高等教育管理原则是从事高等教育管理时应遵循的行为准则和基本要求。高等教育管理原则体系的目的性在于，利用原则指导具体的高等教育管理实践活动，使管理活动更符合客观规律，从而提高高等教育管理效率。

高等教育管理原则体系的关联性是指涉及高等教育管理过程的各条原则应该相互依存、相互补充、相互制约。

二、高等教育管理的基本原则

高等教育管理的基本原则应该是根据一般管理学的原理提出的，同时又特别适用于高等教育管理领域。它们必须全面、准确地反映高等教育管理活动的特点、本质与规律；它们在理论上是完备的，在实际工作中又是切实可行的，能覆盖整个高等教育管理活动领域，普遍有效地指导高等教育管理实践活动。根据上面对高等教育管理原则确立的依据分析，高等教育管理基本原则体系应该包括以下五个方面。

（一）高等教育管理的方向性原则

管理是一种有目的的活动，管理工作必然有方向。管理成效的大小，首先决定于方向是否正确。任何管理都是为了实现一定的管理目标，管理目标是管理活动的前提，管理目标体现管理的方向。教育是培养人的社会活动，就其本质来说，教育必须与一定的社会政治、经济相适应，并为其服务。不论什么社会性质的高等教育，培养什么样的人都是一个根本问题，是高等教育目标的核心，它集中体现了高等教育管理的方向。

新时期党和国家的教育方针是：教育必须为社会主义现代化建设服务，与生产劳动相结合，使受教育者成为德、智、体、美、劳等全面发展的社会主义建设者和接班人。这一方针明确规定了我国高等教育的政治方向和服务方向、教育目的和实现教育目的的基本途径。

1. 要坚持社会主义的政治方向

社会主义的高等教育管理，必须坚持社会主义的政治方向。教育是具有阶级性的，任何一种社会制度都要以它的意识形态教育和影响学生。高等教育管理必然受一定的生产关系和国家的政治经济制度的制约，它有鲜明的阶级性。

我国作为社会主义国家，要求高等教育必须以社会主义意识形态教育和影响学生，为社会主义建设培养具有坚定政治方向的建设者和接班人。要明确我国的高等教育是社会主义性质的，要为社会主义服务，坚持社会主义的政治方向。如果不首先明确我国高等教育的社会主义性质，那就谈不上有正确的办学方向。

坚持社会主义的政治方向，要有现实针对性。随着信息技术的发展，发达资本主义国家凭借技术优势，作为主要的信息输出国，控制全球信息与通信的命脉，其音乐、电影、电视与软件几乎遍及全球。它们几乎影响着所有国家的审美观、日常生活和思想。因此，我们要注意西方意识形态的渗透,注意国外敌对势力利用各种机会对我国施行"西化""分化"的阴谋,坚持高等教育管理的社会主义政治方向。

2.要坚持为社会主义经济建设服务

1985年通过的《中共中央关于教育体制改革的决定》指出,"教育必须为社会主义建设服务"。这里所说的服务是全面的,既包括为社会主义政治服务,也包括为社会主义经济、文化建设服务。在社会主义现代化建设中,人们始终要以经济建设为中心,不能干扰这个中心。高等教育为社会主义现代化建设服务,根本任务是培养人才,主要是通过培养社会主义经济建设需要的人才来实现的,这称之为高等教育的服务方向。

高等教育要坚持社会主义政治方向,同时要服务于经济建设这个中心,主动适应经济和社会发展的需要,从两个角度规定了高等教育的办学方向,各有侧重,相辅相成,两者并不矛盾。

政治方向是从高等教育的社会性质来讲的,服务方向是从高等教育的工作任务和目标来讲的。政治方向规定了服务的社会主义性质,服务方向体现了坚持社会主义政治方向的实际内容。因此,不能说高等教育的方向性只指政治方向,而没有别的内容,这是不全面的。社会主义高等教育的方向就是坚持为社会主义现代化建设服务的方向。

(二)高等教育管理的高效性原则

任何管理活动,其基本目的都是提高组织系统的效率和效益。管理效率和效益的关系,是与管理目标联系在一起的。目标正确,效率越高,效益越好;管理效益的大小就是在消耗一定的人力、物力、财力和时间等资源的条件下,实现管理目标。

高等教育管理的高效性原则是高等教育管理本质的直接体现和具体化。它要求以一定的高等教育资源投入,培养和提供更多的合格高级专门人才和高水平的研究成果。或者说,培养和提供一定数量的合格人才和研究成果,投入的高等教育资源要求最少。

高等教育所产生的效益是多方面的,它既能促进生产力的发展,又是能巩固政治统治和建设精神文明不可或缺的手段,更是社会得以延续和发展的重要条件。这些主要体现在提高劳动者素质和培养人才的数量和质量方面,同时高等教育在发展科学技术文化方面的作用也是十分重要的。

高等教育是需要大量投入的事业,而发展高等教育的资源又是有限的,它靠社会提供,既受社会经济发展水平的制约,也受社会政治制度、管理体制和人们教育观念的制约。因此,高等教育管理既要注重经济效益,即以较少的投入培养更多的人才,注意节省人力、物力和财力,更要注重精神效益、社会效益,即坚持办学的政治方向,全面提高高等教育的质量。

(三)高等教育管理的整体性原则

高等教育管理整体性原则既决定于高等教育系统的整体性,又受制于培养高级专门人才的高等教育目的。高等教育管理的整体性原则可表述为:以培养人才为中心,科学地组织各方面工作的有效配合，并充分地考虑社会环境中诸因素的影响。

高等教育的根本任务是培养人才。培养人才不仅要组织好教学工作，还必须有思想教育工作、师资培养工作、科学研究工作、后勤管理工作等与之配合。除了培养人才的职能以外，高等学校还有开展科学研究的职能和直接为社会服务的职能。高等教育管理的目标和内容，不只是单一的教育、教学活动的管理，而是包括教育、科学研究和直接为社会服务等活动的综合管理。不论是培养人才、开展科学研究还是为社会服务，都与社会系统紧密相关，都必须与社会经济、政治、科学文化相适应，因此必须把高等教育管理放在整个社会环境中考虑。

1. 高等教育管理要以培养人才为中心

各方面活动的开展都要服从和迁就于培养人才这个首要任务。

（1）就政府对高等教育的宏观管理来说，首先要做好培养人才的决策和宏观控制，包括人才培养的预测规划、总体规模、发展速度、结构布局等，以及通过组织、计划、协调、立法、拨款、检查评估等手段，保证培养人才的数量和质量。

（2）就高等学校的管理来说，各部门的工作都要面向学生，教学和思想教育工作要遵循人才成长规律，科研、生产工作要与教学工作结合，后勤工作要为教学和科研服务，而不能各自为政，各行其是。

2. 要处理好教学和科研的关系，使两者相互结合、相互促进

教学是高等学校培养人才的主要方式和基本途径。但是，不能把教学工作单纯理解为课堂讲授。

（1）教学活动既包括通过课堂讲授使学生学到间接知识，也包括指导学生获得直接知识和掌握学习方法。因此，教学是传授知识、发展智力、培养能力和形成良好思想品德的综合过程。

（2）科学研究是培养人才的重要途径，把科学研究引入教学过程是高等学校教学过程的一个重要特点，它能给学生创造全面发展智能的环境和条件。

（3）学生通过参加科学研究能够有目的地、主动地学习完成研究任务所需要的理论知识；积极进行思维发散，在实践中发展各方面的能力，培养创新精神；还能培养学生养成严谨的治学态度、踏实的工作作风和团结合作的精神；能更好地促进师生之间教与学两方面的信息交流，使教师对学生了解得更深入更具体，有利于实行因材施教，更好地发挥学生的特长和主动性。

（4）开展科学研究还能够提高高等学校教师的学术水平，充实和更新教学内容，改进教学方法，使教学质量不断提高。因此，不应该把科学研究和教学对立起来，而应该使两者互相结合，互相促进。高等学校教学传授给学生的知识，是前人实践经验的系统总结。科学研究正是在已有知识的基础上探索和总结新的知识，进一步加深对客观世界规律的认识。因此，从人们的认识活动来讲，只有开展科学研究，把生产实践和科学实验的成果总

结成各种理论体系，使人们不断地获得新的知识和能力，才有可能进行各门学科和专业的教学。

从这个意义来讲，科学研究是"源"，教学是"流"，科学研究总是走在教学的前面。在教学中给学生讲授的理论知识，并不需要也不应该要求教师都通过自己的研究实践进行总结和积累。但是，现代科学技术的发展日新月异，高等学校的教师如果不通过开展科学研究，及时了解和掌握本门学科和相关学科的最新动态和发展趋向，而仅停留于传授现成的书本知识，那就不可能提高教育教学质量，培养出适应现代科学技术迅速发展和现代化建设需要的合格人才。

3. 发展科学技术文化，是高等学校的重要任务

随着现代科学技术日新月异的发展，高科技向现代生产力转化越来越快，高新技术产业在整个经济中的比重不断提高，科技在经济发展中的作用越来越大。21 世纪是高新技术迅速发展的新时代，我国改革开放和现代化建设进入承前启后、继往开来的关键时期，国家的经济建设和社会发展比以往任何时候都要更加倚重于科技进步。在这种形势下，高等学校特别是重点大学的科学研究工作更应加大力度。

4. 直接为社会服务也是现代高等学校的一项重要社会职能

高等学校的培养人才、开展科学研究、为社会服务这三项职能是互相联系、相辅相成的。开展各种形式的社会服务，有利于加强学生与社会的联系，增进对社会需求的了解，增强主动适应经济发展和社会发展需要的能力；有利于高等学校的理论教学更好地联系实际，培养锻炼学生解决实际问题的能力，提高教学质量；有利于进一步发挥学校的潜力，充分调动教师职工的积极性和主动性，通过有偿服务，为学校筹集一部分资金，以弥补办学经费之不足，用以改善办学条件和师生员工的生活条件。

但是，高等学校必须以培养人才为中心，衡量学校工作的根本标准是培养人才的质量和数量，绝不能只看经济收益的多少，搞短期行为，而不顾教学质量和学术水平。

因此，一定要处理好培养人才与直接为社会服务的关系。必须统筹兼顾，加强管理，对收益进行合理分配，这样有利于调动各方面的积极性，特别是在教学第一线工作的教师的积极性。

（四）高等教育管理的民主性原则

高等教育与社会发展相适应的规律决定了高等教育是开放的系统。高等教育发展的历史已经证明，追求科学与民主是高等教育的重大使命。追求科学，可保证高等学校教学、科研的生命活力；发扬民主则是追求科学的保障。

1. 民主性原则是由高等教育管理封闭性和开放性相统一的规律决定的

要办好既封闭又开放的高等学校，不发扬民主，不调动师生员工的积极性和创造性是不能做到的。因此，高等教育和高等学校进行重大决策时，都必须发扬民主。

（1）高等教育管理的民主性原则可以表述为：依靠广大教职工和学生民主管理学校，

动员社会力量参与高等教育管理。高等教育领域人才荟萃，学术思想活跃，高等教育管理工作必须注意充分体现学术自由的特点。高等学校的教学与科研，就其本质而言是学术活动，需要充分的思想自由，需要民主制度做保障。因此，对高等教育实行民主管理具有特殊的重要性。

（2）就管理对象的特点来说，在高等学校，教师和学生既是管理对象，又是管理主体。教师和学生的特点，都是从事学术性很强的教学、研究和学习，是精神生产，主要靠自己独立钻研和思考、探索。只有靠内在动力，也就是靠调动他们的积极性和主动性，才能完成管理目标。学校的培养目标、教学计划、教学大纲等，要靠教师去实施；教学内容和教学方法的改革，要靠教师自行地去探索和实行。同时，也要激发学生的主动性并积极地配合教师，自主地进行学习。

充分调动教师和学生的积极性，让教师和学生参与管理，这对于增强内聚力，增强对领导管理者的理解和信赖，对于及时改进管理措施，提高有效性，都有极大的好处。因此，高等学校要搞好管理，必须依靠教师发挥能动作用，同时一切与学生的学习和生活有关的决策，还要注意听取学生的意见。

2. 管理好一所大学，需要很多学问

就高等学校工作的复杂性来说，在高等学校一般都设有许多专业和课程，有教学、科学研究、生产、思想教育、后勤以及校内外关系等方面的工作，有众多的人员，具有极大的复杂性。任何一所大学甚至一个系的领导都不可能完全懂得所设的各专业、各门课程和各方面的工作。

从这个意义上来说，必须依靠调动广大教师职工的积极性，集思广益，共同管理，才有可能把学校办好。有关教学、科学研究、学科建设的重大决策，一定要注意尊重和听取教师特别是教授们的意见。教授在他们所从事的专业、学科领域里是专家，注意听取他们的意见，有助于保证有关决策的正确性；由于教授们在学术上的权威性，在师生中有较大影响，他们参与决策，更能够得到师生员工的拥护和信赖，有利于决策的实施；教授们的言行对学生有潜移默化的影响，让教授积极参与到学校的民主管理，有利于培养学生的社会责任感。

就政府对高等教育的管理来说，由于高等教育有学术性强、专业学科门类多的特点，要充分尊重专家学者的意见。因此，要给予高等学校学术自由和必要的办学自主权，避免过多的行政干预。高等学校还有多样化的特点，这是因为社会对高等教育的需求是多样化的，不同地区、不同条件和历史背景的学校是多样的，这要求政府不仅要处理好中央集权和地方分权的关系，而且要使高等学校有办学自主权，以利于学校办出自己的特色，适应社会的不同需求。政府的作用是进行宏观控制和协调，为学校创造良好的环境和条件，通过财政的、政策的导向和法规的约束，引导学校主动地追求自身发展。

3. 民主性原则要求制定决策民主化、执行决策民主化和评定决策执行结果民主化

高等教育管理中，决策工作要充分发扬民主精神。这种民主精神体现在，让被管理者民主地参与决策过程，这样可以集思广益，提高决策的科学性，使之更切合实际。在西方，民主管理学校是通过董事会、教授会、评议会或师生代表会等形式，参与制定学校的一系列规章制度，参与决策。

管理者要随时了解和掌握决策的执行情况，在此基础上调整和改进决策的执行方案和方法。在这一过程中，不论是了解执行情况还是调整、改进执行的方案和方法，都离不开民主的作风。管理者应该秉公办事，在处理公务时不应牟取私利，要尊重下属，虚心向他们求教，及时地对方案和方法的执行情况进行调整和改进。

决策执行结果的评定，不仅关系到对本决策的制定者和执行者工作的评价，而且关系到下一个决策的制定和执行。评定工作要贯彻民主原则，有利于激发和强化决策者和执行者的工作热情，有利于发挥和发展他们的创造性，最终有利于提高高等教育管理效益。

（五）高等教育管理的动态性原则

任何事物都是处于不断变革之中的。管理过程是一个不断发展变化的动态过程。管理对象内部诸要素是不断发展变化的，它们之间的关系也在不断发展变化着，管理系统的外部环境也是变化、发展的。因此，管理过程的实质，就是根据管理对象和条件的变化、发展，对其相互关系作出相应的调整，以实现整体目标。

我国正处于经济转型期，相应地将引起社会生活各个方面的变化，随之需要改革高等教育，使之适应并促进社会经济、文化、科技等体制改革的要求。高等教育作为一种社会技术系统，与外部环境处于动态的相互作用之中。开放系统的一个特点是能够变化其内部子系统，以便对各种环境中的偶然事件做出反应。管理活动与管理对象、管理环境之间有着本质的、必然的联系。高等教育管理过程中要完成的任务、组织的结构、用来完成任务的技术和参与的人员都处于动态之中。

（1）高等教育活动必须按照管理的基本原理和原则进行，保持管理的相对稳定性和应有的秩序。

（2）高等教育管理的对象、内容、方式、手段都在变化之中，要求运用高等教育的管理原则时具备灵活性。

高等教育管理的动态性非常明显。随着现代科学技术的发展，社会对高等教育的需求在不断变化，社会给高等教育提出的条件也在不断地变化。高等教育要为社会服务，必须主动提高适应经济和社会发展需要的能力。这就要求高等教育必须不断进行改革、创新。高等教育体制改革的目标，就是逐步建立使学校具有主动适应国民经济和社会发展需要的能力的有效机制。就高等学校本身来说，学生每年有进有出，教师队伍也需要适时补充和调整，教学和科研的设备也在不断更新。经济体制改革、政治体制改革和科技体制改革的深化，对高等学校不断提出新要求。

因此，高等教育管理的动态性原则可表述为，通过不断地改革以主动适应经济和社会发展的需要。动态性原则要求人们做到以下几点。

1. 以发展的战略眼光看问题

任何事物都不是静止不变的。只有改革才能促进教育发展，教育要发展则必须不断地改革。

2. 处理好变革与稳定的关系

在变革不适应部分的同时，要继承高等教育合理的内核，既不能墨守成规、抱残守缺、坚持既成的体制和维持现状，也不能全盘否定以往的经验。

3. 要注意不能朝令夕改

尤其在高等教育改革方面要持慎重的态度。高等教育管理的动态性，从根本上讲，是由高等教育必须与社会的政治、经济、科技、文化的要求相适应这一基本规律决定的。由于社会是不断发展的，所以高等教育也必须随着社会的政治、经济、科技的发展不断地改革，以适应社会发展的需要。高等教育管理对象和外部条件的这些变化，致使管理工作中不断出现新情况，需要不断地总结新经验，解决新问题。

以上五条原则是高等教育管理的基本原则，是普遍适用的。方向性原则反映了我国高等教育管理的性质，从根本上确立了社会主义高等教育发展的大方向，规范了高等教育的培养目标；高效性原则指出了管理工作的本质特点和根本要求；整体性原则反映了管理工作的基本要求；民主性原则贯穿高等教育管理活动始终，为高等教育管理活动顺利进行提供了良好的氛围，保证管理工作有重要的动力；动态性原则指出完善管理工作的根本途径。它们相互制约、相互促进，共同指导高等教育管理的全部活动，构成了一个完整的原则体系。在实际工作中，贯彻这些原则是紧密联系、相辅相成的。

第三章　高等教育管理的本质与功能

第一节　高等教育管理的基本概念

一、管理的一般概念

管理一般是指在特定的环境下，对组织所拥有的资源进行有效的计划、组织、领导和控制，以便完成既定的组织目标的过程。管理是人们依据社会发展的客观规律，在特定历史条件下有意识地调节社会系统内外的各种关系和资源，以便达到既定的系统目标的过程。很显然，这两个方面的表述并不矛盾，只是表述的方式稍有差别而已。前面的表述直接一些，比较简练直观；后者从社会系统的角度和方法进行表述，比较宏观。

其含义包括以下三方面：

（1）管理是为实现组织目标服务的，是一个有意识、有目的的活动过程。管理是任何组织不可或缺的，但绝不是孤立存在的。只要有组织及其活动，就会存在管理问题。就管理本身而言，管理不具有自己的目标，不存在为管理而管理，没有活动也就不存在管理问题，管理是依附于活动而存在的，组织活动的目标就是管理的目标，而管理是服务于组织目标的。

（2）管理活动是通过一系列相互关联的资源要素进行的，管理工作就是要综合运用组织中的各种资源要素，通过计划、组织、控制等来实现组织目标，达到活动的目的、效果，这就成为管理的基本职能。

（3）从管理本身来讲，管理活动应该按照自己的规律进行，但是现实中管理活动的资源并不是孤立存在的，管理工作是在一定环境条件下进行的，管理是一种社会活动，有效的管理必须充分考虑组织的特定环境。

"一般管理理论"最早诞生在法国。当泰勒及其追随者正在美国研究和倡导生产作业现场的科学管理原理和方法的时候，大西洋彼岸的法国就诞生了组织管理的理论，后人称之为"一般管理理论"或者"组织管理理论"。与泰勒主要研究基层作业的管理理论不同的是，"一般管理理论"是站在高层管理者的角度研究组织管理问题。在此基础上，现代管理理论的研究发展很快形成了许多管理的经典理论和理论体系。根据研究管理对象的不同，可分为广义的管理和狭义的管理。广义的管理可以是针对大自然中的万事万物的管理；狭义的管理只是针对某项具体活动，以及活动中的资源所进行的计划、组织、领导、控制。一般我们研究的管理是指狭义的管理，是指组织管理、行为管理、活动管理。活动的结果，实际上是人的能动性作用的结果，管理的实质是人，是管理者与被管理者之间发生的矛盾的解决。既然这样，那么管理就是管理者、被管理者、事项三方形成的特定的活动。

对于管理的分类，现代管理一般可以从三个方面来进行划分：一是从活动的规模大小划分，可以分为宏观管理和微观管理；二是从具体活动的内容划分，可以分为综合管理和专项管理；三是从管理的形式上划分，可以分为紧密管理和松散管理。当然，这些区分也只是相对的。

二、管理的基本理论

管理的基本理论是很多的，特别是随着现代社会的发展、人们的认识水平的不断提高、社会活动的不断丰富，社会财富与利益驱动机制更加强烈，管理理论在创新，在发展。而系统管理理论、人本管理理论、目标管理理论、标准化管理理论、组织管理理论、模糊管理理论、混合管理理论等只是众多管理理论中的一部分，它们既是管理的理论，也是管理的思想和方法。

（一）系统管理理论

系统管理理论指出，管理的任务就是协调系统中的各个子系统以及系统要素，以保持系统的动态平衡，取得系统的最佳运行效果。这种管理理论及其方法的核心是把管理作为一个整体的系统，系统就要有系统要素，系统要素就是人、物、活动及其项目。这种管理理论和方法一般应用于大的军事战略、建设工程、大型活动（内容复杂、组织规模大、投入量大、长时间与长周期）较为合适，当然，这些也只是相对的，因为大和小本身就是相对的。

（二）人本管理理论

人本管理理论和方法是以人为中心的管理，实际上，这种管理理论与方法是最难以做好的，如果把握不好，甚至有时候会出现偏颇。有效的人本管理实质是人的权力的利用和利益的分配，在这一过程中，既要尊重人，又要让人的潜能充分发挥，是一对很特殊的矛盾。以人为本的管理目的就是发掘人的最大潜能，这种潜能并不完全是指被管理者的，同时也包括管理者。管理者的潜能是工作的积极性和表现出来的工作效益，被管理者的潜能是管理者的思想和艺术施加结果的体现，二者结合才能达到管理的最大效果。人本管理理论虽然是一个相对比较早的管理理论，但是在实践中应用得并不好。究其原因，传统、单纯的人本管理理论十分强调管理的"人"的素质，可以说，低素质的人是绝对运用不好人本管理理论的，因为一个管不好自己的人同样也是管理不好别人的，更不用说有效地运用好人本管理理论。不过，现代的人本管理理论加入了一些新的元素，在人本管理中加入了制度管理，形成了一种新的意义上的人本管理理论。

（三）目标管理理论

目标管理理论和方法是一种与利益相关联的刚性管理模式。这种管理理论和方法实际上是与价值理论密切相关的，甚至可以说是以价值理论为基础的。要有一个预先设置的价值目标，然后以这种价值目标的实现为核心而展开管理活动。价值目标的认同是关键，是目标管理的前提。价值目标的确立也是十分重要的，价值目标必须通过全体成员认同，目标管理理论强调组织目标的制定要得到所有组织成员的认同，没有认同感的组织目标是不切实际的目标，是难以达到的。有人说目标管理只是注重结果，这是十分错误的，最新的目标管理理论不是仅注重管理活动的一头一尾，而是除了最先确定价值目标、最终对完成价值目标检验结果外，还对过程实施严格监督，让目标按既定的方向完成，不要等到问题成了堆，最后导致一个糟糕的结果。既成事实不是目标管理的目的，而是要让管理者与被管理者通过共同的努力，一步一步向既定目标靠近。实现以价值目标为中心而组织的目标管理活动，是一种刚性的量化管理，因此执行也是刚性的。目标管理理论除了注重价值目标外，具体的应用还有一个公平理论问题，这是由目标管理理论的刚性特质所决定的。

（四）标准化管理理论

这种管理理论和方法是在专业化管理的基础上，由管理者组织专家制定管理的标准，并通过一定的法律法规程序予以确定。这种管理的思想十分明确，最朴素的道理就是"没有规矩不成方圆"。标准化管理虽然是组织和专家行为，但标准并不是武断的和空穴来风的，既要有权威性，又要有社会基础和群众基础，通过科学的过程来制定。在这一过程中有两个十分重要的环节，一个是标准的制定，另一个是标准的执行。第二个环节是标准化管理的要害，有时候可能还是成败的关键。在管理活动中，有了标准不好好执行，或者执行起来走样，必将导致标准化管理的全面失败。当然，这不是标准化本身的问题，是实施标准化管理的实践问题。

（五）组织管理理论

组织管理理论和方法的实质是最高决策层通过设置管理的各级组织，规定各级组织的职能，通过领导核心、组织授权、组织实施等进行的管理。组织管理的重点是组织结构的设计，关键是组织职能的授权；同时，也有人把它归结为组织的层级管理理论、组织的能级管理理论、组织的行为管理理论。组织管理理论要有严密的组织结构，要有明确的组织目标和组织功能，同时要有一套有效的组织运作机制，否则，再好的科学组织、再完善的组织功能，没有好的运作机制它也不可能活起来，甚至会导致组织管理活动不能有效地开展。

（六）模糊管理理论

这是一种现代的管理思想和方法，特别是在软管理方面，运用模糊数学的管理思想与技术进行管理。这是一种在高层次的人群中实施的行为管理，是一种软性管理。简单管理没有必要运用模糊管理，它一般是在复杂、庞大、中长周期、高智商的管理活动中实施。

（七）混合管理理论

实际上，我们通常的组织活动中，特别是比较大的组织系统中，运用得比较多的是混合管理模式，混合管理是多种管理思想和方法的组合。在大型组织中，管理的内容比较复杂，头绪又很多，多种活动项目的性质差距较大，运用某一种方式来进行全盘的统领往往是不可能的，这就需要运用混合管理的理论和方法来完成。

三、高等教育管理概念

高等教育管理是根据高等教育的目的和发展规律，调配高等教育资源，调解高等教育系统内外的各种关系，进行有效的计划、组织、领导和控制，以便达到既定的高等教育系统目标的过程。这是通常给出的高等教育管理的定义。

从教育管理的层面上讲，高等教育是中等教育基础上的教育，因此它是指高等教育这一特殊的专业层面上的管理。

从管理的分类上讲，可以分为宏观高等教育管理和微观高等教育管理。

从管理的内容上讲，可以分为宏观高等教育管理中的战略规划管理、宏观调控管理，微观高等教育管理中的教育组织内部的具体的教育管理活动。

从定义分析，高等教育管理具有下述三层含义。

（一）高等教育管理的依据

高等教育管理的概念首先指明了高等教育管理活动的依据是高等教育的目的和发展规律。高等教育的目的是为社会提供各级各类的高级专门人才。各级各类高级专门人才的教育是指：在类别上为普通高等教育、成人高等教育，在性质上为公办高等教育、民办高等教育，在层次上为专科教育、本科教育、研究生教育。这些教育的目的和目标是管理的根本依据。高等教育受到学生身心发展的影响，通过德育、智育、体育、美育等过程，培养全面发展的人。只有把人作为社会关系的总和来看待，才能对人的发展有全面且系统的理解。因此，各级各类教育过程都有其自身的客观内在规律，只有正确认识它们的客观规律，才能实施科学的管理。高等教育受到一定社会的经济、政治、文化制约，并为一定的经济、政治、文化发展服务。所以，生产力和科学技术的发展水平，社会的制度、文化传统都对高等教育活动产生制约。无论是国家宏观的高等教育发展政策的制定，还是高等学校培养人才的过程，都必须遵循高等教育的目的和高等教育发展的客观规律，这也是高等教育管理的出发点。

（二）高等教育管理的任务

高等教育管理的概念指出了高等教育管理的任务，也就是有意识地调解高等教育系统内外各种关系和调配高等教育资源，以适应高等教育系统发展的客观规律。从一个国家或者地区来讲，高等教育系统是国家或者地区社会系统中的一个子系统；从高等教育组织系统来讲，高等学校也是一个社会子系统。由于系统中存在着多种矛盾，因此高等教育管理的任务就是协调并最终解决系统中存在的矛盾。在高等教育管理中，要用系统论的眼光来设计高等教育的整体和各部分之间、要素与要素之间、学校系统与外部环境之间、学校系统内部的子系统之间的相互关系，树立整体的观念，并通过有效的管理实现系统要素间的整体优化。

（三）高等教育管理的目的

高等教育管理的概念还指明了高等教育管理的结果是不断促成高等教育系统目标的实现。高等教育管理的目的最终也只是高等教育目的的一种辅助性（工具性）目的。在高等教育系统中，培养人的目的是高等教育的根本目的，高等教育系统的一切工作（包括管理工作）都必须围绕这一目的展开。对高等教育系统中各种关系和资源的协调构成了高等教育管理的目的，它的目的是通过有效的管理，确保高等教育实质性目的的实现。因此，高等教育管理最终也只能是手段。当然，由于高等教育管理有其自身的需要，其自身也有目的，如效率就是管理的目的之一，但它是通过有效的管理来保证高等教育目的有效实现的。

综上所述，不论是宏观的高等教育管理还是微观的高等教育管理，所依据的都是国家的教育方针，组织的发展目标，高等教育的基本规律，社会政治、经济、文化的发展背景与环境，通过立法、行政、经济、市场等手段进行协调和控制，保证高等教育人才培养质量、推动科学文化知识创新、促进社会进步等目标的实现，最终实现高等教育的可持续发展。

第二节　高等教育管理的特点

事物之间的区别就在于它们的特殊性。了解了高等教育管理的特点，我们就能遵循它的本质规律，有针对性地协调管理活动中的各种矛盾，精准地驾驭各种管理活动。

一、高等教育管理目标的特殊性

高等教育系统目标的特殊性决定了高等教育管理目标的特殊性。高等教育系统的主要目标是根据高等教育的功能来确定的，因此对管理的功能与目标相应地提出了它的特定要求。高等教育管理的功能就是要通过计划、组织、协调、控制等使高等教育更加符合社会发展的要求，符合社会生产力的要求，这种要求表现为教育的层次、结构、规模、质量等方面的目标。另外，在微观方面，高等教育管理要使组织中的每个成员按高等教育规律办事，更好地完成既定的目标。高等教育系统的目标是根据高等教育规律和社会发展对高等教育的需求来制定的，所以高等教育系统的协调活动也应该以高等教育的规律为指导，而不能简单地照抄企业管理中的某些方式方法。从这个意义上说，高等教育的微观管理是以更好地培养人才并且着眼于提高人才的质量为根本目标的管理活动，它不能也无法以只追求经济效益为目标，更不能以只追求利润为目的。在市场经济体制下，高等教育要不要考虑经济效益的问题，一直以来都是政府行政管理部门和管理工作者闭口不谈的问题，好像一谈经济效益就"乱"，就偏离教育方向；然而不谈经济效益就"死"，因为在市场经济体制下没有不讲经济效益的组织，没有不讲经济效益的管理活动。与行政管理、企业管理等其他管理所不同的是，如何将社会效益和经济效益有机地结合，纳入高等教育管理的目标中，正确地处理好社会效益与经济效益的关系，是高等教育管理工作者应该研究的，这也正反映了高等教育管理目标的特殊性。

高等教育管理具有两个最基本的目标功能：一是尽其所能地将系统内的各种关系和资源凝聚起来，形成一个整体，这也就是管理的"维系"功能；二是最大限度地围绕系统的整体目标，发挥要素的主动性、积极性，更好地实现高等教育系统的整体目标，这也就是管理的"结合"功能或"放大"功能。高等教育系统是由有关教育行政机关和各级各类高等学校所组成的系统，它的结构和功能与其他社会系统有所不同。高等教育在同其他社会系统进行物质、能量和信息交换的过程中，在为社会提供精神产品的同时，也提供物质产品，这种物质产品表现在劳动力方面、科学技术成果方面、现代文明与文化产品方面，也可能形成工业产品。高等教育系统是最具创造力的社会系统，通过各成员、各要素主观能动性的发挥，可以最大限度地实现系统大于部分功能之和的效果。但反过来，如果教育者及教育资源中的人的主观能动性发挥不好，这比其他任何社会系统都更有可能制约生产力的发展。所以，高等教育管理者要充分认识到这两大功能的特殊性，并注意将此二者有机地结合起来，用凝聚力加强整体的结合力，用系统的发展加强整体的凝聚力。

二、高等教育管理资源的特殊性

不论是宏观高等教育管理还是微观高等教育管理，高等教育管理资源要素的特殊性具体表现在以下三方面。第一，这是由一群高级知识分子组成的特殊的群体，组织及其成员的特殊性就构成了要素的特殊性。从高等学校管理的主体和客体来看，即从管理者和管理对象两个方面看，组成高等教育系统的主体要素之一是教师，是创造和掌握专门知识的群体，因此，对他们的管理要符合这一群体的心理活动和以个人脑力劳动为主的集体性活动的特征；另外一个高等教育系统的主体性成员是学生，是一群年龄基本在18岁以上、受过完整中等教育的青年，对他们的管理和协调方式要符合他们身心发展阶段的特殊性。正是由于高等教育系统组成人员的特殊性，管理中存在一种特殊的管理现象，这种现象强调和要求自我管理。应该说，自我管理虽然是任何管理中都存在的一种现象，但是在高等教育管理中，自我管理尤为重要，它是一种身心和智力发展的自我管理，他们需要学到或养成具有自我管理、自我组织、自我发展的能力。他们的心理特征也表明，在教育过程中，完全有必要让其发挥自我组织管理的能力，更好地促进其发展。所以，管理对象是高等教育管理要素最重要的特点。第二，教育投资与经费的管理是一项复杂的工作，因为它们的用途是复杂的，有时候还不能用绝对的量化管理来处理，有时候投入产出不能短期内就见到成效，经济回报率可能很低，这就是高等教育的经费管理有别于企业管理、行政管理、经济管理等的特殊性。第三，教学与科研的物资设备的管理特殊性，表现为这类资源不完全是生产性资源，这些物资设备是建立在教学科研功能上的，是为了完成教育教学实验实习、科学研究开发的，它们不仅是一套设备，还是一个教学实验和科学研究的基本平台。

高等教育资源的特殊性构成了高等教育管理的特殊性。高等教育资源是指整个社会用于教育领域中的人力、物力和财力以及知识产品、文化产品等的总和，有效的可利用资源是指高等教育的主办者对高等教育的投入所形成的资源，主要表现在经费投资方面。社会用于教育资源的来源又与社会中的区域发展相关联，与政府对教育的投资相关联。教育是一种事业投资，但是它又不仅仅是纯粹的事业投资，因为它的投资对象决定了教育不可能是完全的事业投资。事业投资的对象主要是公共事业，公共事业是针对大众的，基本上所有的民众都可以享受到。而高等教育的对象群体不是单纯的享受公共事业的群体，毕竟当高等教育还没有达到普及的时候，高等教育就不可能是一种完全的事业行为。虽然高等教育的结果回报了社会，但是受教育者只是整个社会群体中的一部分。那么，为什么不能完全普及高等教育？这是由高等教育资源的有限性决定的，这些资源又受到整个社会政治经济发展的制约。所以，从一个方面讲，高等教育的投入来自政府、学生和家长、学校自身以及社会的多方融资，这构成了投资的特殊性，这也就决定了高等教育资源的特殊性。马克思指出："要改变一般的人的本性，使他获得一定劳动部门的技能和技巧，成为发达的和专门的劳动力，就要有一定的教育或训练，而这就得花费或多或少的商品等价物。"要进行教育活动，首先需要从社会的总劳动力中抽出一部分劳动力，这就是从事教育的劳动者和进入劳动年龄的受教育者，他们要消耗一定的学习资源、生活资源，还必须有一定的物质技术条件，如校舍、图书、仪器设备等。高等教育财力资源不是自然资源，有些也不是通过生产方式就可以生产制造出来的，而是要经过长时间打造和培育出来的，随着社会的发展与需求逐步形成的。在满足了人的再生产以及所需要的物质再生产以后，社会所能用于教育的资源就很有限了，难于满足社会和个人对教育的需求，这也是教育管理中的一对特殊矛盾。因此，如何去获得更多的教育资源，如何有效地使用稀少的教育资源，就成为社会领域和教育领域共同关心的问题。高等教育资源投资的特殊性造成高等教育管理资源的特殊性就不言而喻了。

三、高等教育管理活动的特殊性

从宏观高等教育管理来看，高等教育事业具有很强的战略性、前瞻性。高等教育管理活动整体的发展规划关乎长远的社会民生问题，需要许多专家系统地来完成，活动的内容涉及民族文化、区域经济、人口发展、科学技术水平、社会环境等。从微观高等教育管理来看，高等教育管理活动的特殊性体现在高等教育组织管理的活动中，最主要的表现特点之一就是要协调学术目标与其他目标之间的矛盾。学术目标是一种高智力投入和高智力劳动的追求，除了个体的高智力劳动外，同时还要强调高智力劳动的结合、高智力劳动者的团结协作。高等教育系统的主导性活动是传授知识、创造知识，高等教育所培养的各类专门人才和高等学校所提供的各种科技成果主要是通过学术水平和应用价值的高低来衡量的，管理活动的学术性十分强，而这种学术性不可以用一般行政性的方法进行管理。因此，学术目标的组织、协调、实现等是高等教育管理活动中的特殊矛盾，这就要求高等教育管理活动一定要重视学术这一特殊目标，使管理目标与学术目标相符合。高等教育组织中的教学活动是教与学的双边关系，高校师生是一个特殊的群体，在完成教学目标和管理目标的过程中，师生参与到具体的教学管理活动中，达到双边认知认同，教学民主就显得更加重要。大学教职工是高等教育系统中能动的力量，是实现高等教育管理目标的智慧源泉，要发挥他们的智慧和力量，学术自由是高等教育管理必须考虑的问题。高等教育系统中实行学术民主将激发师生员工极大的能动性，使大家从信任中受到鼓舞，在学术自由这个平台上施展自己的才华，在学校的管理活动中真正成为中坚力量。

第三节　规划与组织功能

规划是指对事物未来的发展进行目标预期和工作计划的整体设计。从宏观高等教育管理上来讲，规划功能是指高等教育管理中的战略发展规划这一事物的有效作用；从微观上来讲，是指高等学校的事业发展规划的功用。规划是管理活动中首要的任务，因此它的功能也是我们必须先弄清楚的。

这里的组织实际上是指项目与活动的规划出台后，具体进行的组织实施。通过组织管理运作模式和运作机制，组织和调配相应的资源实施这一计划。组织实施是管理活动中方式方法的另外一个问题，这里主要围绕高等教育中的规划问题展开讨论。

一、高等教育规划的方法

根据高等教育的需求来自社会和个人两个方面，以高等教育的需求为基础的规划方法亦相应地有两种：一是人力需求法，二是社会需求法。

（一）人力需求法

人力需求法是一种运用得较为广泛的规划方法。其基本假定是：经济发展依赖于教育，高等教育提供促进经济增长所需的各种受过教育和训练的人力，经济各部门的劳动生产率投入与产出结构是可以预测的，每一种产出和劳动生产率的水平都与一种特定的职业结构相联系；每一职业都有最佳的教育结构；技能和教育之间存在对应关系；劳动力市场的过剩或短缺需要通过发展教育来协调。因此，必须首先借助于规划来预计通过高等教育培育人才的数量与质量，来确定社会需求的总量及各级各类人才的数量，来指导高等教育机构完成教育任务。人力需求法的基本原理是以社会经济发展对人力的需求为出发点来制订规划。具体来讲，通过了解国家在某一时期劳动力的职业与教育结构和产出水平之间存在的联系，来确定高等教育的质量与数量。例如，一般来讲，生产价值 100 万美元的电动机需要 50 名大学毕业的工程师，如果想要提高生产值，增加到生产价值 150 万美元的电动机，按照人力需求的方法，就需要再培养 25 名具有大学毕业水平的工程师。根据人力需求法原理，如果知道了任何未来年经济部门每一职业所需人力数，每一职业现在人数，每年由于死亡、退休或离职等原因造成的每一职业的减员数，每年离开一种职业又进入另一种职业的人力流动数等几方面的数据，便可使规划每一年的人力总数和每一职业的人力总数定量化。假定每一职业的人力仅与一种特定的教育相联系，那么所有教育层次和所有学科的所需产出就可计算出来。在供应方面，如果具备规划内每一年现行教育制度期望的产出数据，便可计算出目标年每一职业所需补充人力数与实际可供应数之间的差额，据此可以调整和规划各个层次和学科的招生数和毕业生数。从经济与人力资源的需求平衡来预测和规划，应从以下几个方面考虑：

1. 预测经济总产出

因为人力需求预测的目标是把教育与经济发展联系起来，所以首先要预测目标年的经济总产出或预测基年与目标年之间的经济增长率。

2. 预测部门产出

将经济总产出分解为各个部门的产出，计算出国民生产总值在各经济部门的分布。这里的部门是指国家的行业管理部门。

3. 预测部门的劳动生产率

估算劳动生产率及基年与目标年之间劳动生产率的变化，把产出目标换算为人力需求。

4. 预测各部门的职业结构

把每一部门的劳动力分解为职业组，统计出职业组的需求结构。

5. 预测总职业结构

将全部部门同类职业所需人力相加，得到为实现经济产出目标所需的每一职业的人力数和综合职业结构。

6.估计职业所需的教育层次和类型

估计每一职业所需的教育层次和类型或每一部门内每一职业所需的教育层次和类型。

7.估算附加人力需求

根据受过教育的各级各类人力的现有储备，考虑计划期内离职和流动人力数，得出按教育水平表示的计划期内所需附加人力数。

8.平衡人力供求

根据计划期每年的附加人力需求数和各级各类学生毕业情况，考虑毕业生的劳动参与率，规划每年各级各类学校的招生数。

（二）社会需求法

社会需求法是基于人力需求法，然后从整个社会的政治、经济、文化方面的发展来考虑的。对于一个国家来讲，它不仅要考虑需求的个体、局部，更要考虑国家的整体，如地区、行业的需求，是更宏观层面上的需求。社会需求法是一种常用的高等教育规划的方法，其思想是以个人对高等教育的需求为出发点，把高等教育个人的投资和消费集合成整体，并尽可能满足个人对高等教育的需求，以这种需求为基础制订高等教育整体规划。同时，社会需求法还要站在更高的角度，预测整个社会未来可能的需求。社会需求法是以个人的教育需求为基础的规划方法，这里的社会需求是一个集合概念，它把个人的决定集合起来。从另外一个角度来讲，社会需求法的基本原理是建立一个描述教育系统的模式，用学生从一级教育向另一级教育的流动来描述教育系统的活动，那么人口预测是其基础，升级比例是其最重要的参数，结果是毕业生就业与社会的需求平衡。特别是当一个国家产生社会发展与教育之间的矛盾时，社会需求就会产生作用，极大地影响高等教育规划，并以此来预测和规划未来的高等教育。

二、宏观高等教育规划

宏观高等教育规划是国家及政府层面上的规划，我们可以称之为战略性的规划和指导性的规划。这一层次上的规划有许多，我们主要分析有关事业发展类的规划。譬如，编制国家的高等教育事业发展规划主要有以下三方面的工作要做。

（一）提出规划的指导思想

规划要以国家关于高等教育发展的总方针和有关精神为指导思想，以国家教育事业发展的总规划为依据，贯彻科学发展观，加强统筹安排，控制高等学校设置的数量，提高高等学校设置的质量，调整和优化高等学校布局结构。

（二）设计规划的内容

设计规划的内容：一是总结和分析前一个时期高等教育发展的整体情况：高等教育的需求与目标完成情况；高等教育资源结构布局情况；高等教育改革情况；高等教育经费情

况，特别是高等学校的经费保证和财力支持情况；高等教育办学条件情况；高等教育资源的现状，包括数量分析和结构分析。二是提出今后一段时期高等教育发展的目标，根据上一时期目标完成情况，在充分考虑现有高等教育资源的前提下，提出今后一段时间高等教育的总体规划目标，如高等教育的发展规模、发展速度，高等教育的各种结构协调、教育层次的发展规划等。三是高等教育经费财政保障，提出预算内教育经费增长的政策保障和具体措施，以此作为高等教育发展的前提。四是完成目标的步骤和措施。

（三）编制规划的程序和方法

地方高等教育事业发展规划相对于国家层面上的规划有些区别，但总的格式没有大的差异。一般来讲，地方政府的高等教育事业发展规划应根据国家的有关文件精神和要求进行编制。规划主要是以党中央、国务院关于高等教育发展的总方针和教育部的有关精神为指导思想，以地方经济社会发展的总体规划和教育事业发展的总体规划为依据，加强统筹安排，控制高等教育发展的数量和规模，提高高等教育的质量，调整和优化本地区高等教育的布局和结构。规划的内容也基本反映在四个方面。一是本地区前期高等教育发展的整体情况，除了发展的规模、结构、质量、速度外，还有前期本地区财政性支出对高等教育支持的情况、本地区办学条件的总体情况、本地区高等教育资源的现状分析（包括数量分析和结构分析）。二是根据本地区前期经济社会发展需要和今后高等教育发展的规划目标，在充分考虑现有高等教育资源尚可利用的剩余容量的前提下，提出本地区今后高等教育发展的规划，此规划应包括高等教育的总体规划目标和各级各类分项目标。三是经费来源和财政保障，提出今后保证本地区高等教育经费预算内事业费年均水平比上一时期增长的政策保障和具体措施，以此作为本地区本期间高等教育发展的前提。四是完成规划的具体步骤与措施。同时，地方高等教育规划受国家的指导和控制，国家为了保证各地方各地区高等教育的协调发展，在确定地方高等教育规划的时候，要提出相关审查意见，履行审批手续和程序，这体现了《中华人民共和国高等教育法》中规定的国家对高等教育进行管理是高等教育管理体制所决定的。

三、高等学校事业发展规划

管理就是规划、组织、协调、控制。规划是管理的第一步，走好规划第一步关系到高等教育活动的方向目标是否清楚，发展思路是否清晰，工作要求是否明确，是否符合客观实际，措施是否合理得当，规划是否便于实施等。高等学校的规划是微观高等教育管理的范畴，是微观高等教育规划。

四、规划功能分析

既然规划功能是指规划的效用，那么规划的实质内容主要表现在两个方面：一是规划中的目标的科学性；二是为达到目标所制订工作方案的可行性。规划是一种预期设计，结果也是预期的，实际上，真正的效用要通过结果来检验，规划中的目标的科学性和方案的可行性只是一种对过去的经验性的思想要求。目标的科学性主要指要求目标是通过一定的科学程序完成的，是通过各个层面及专家系统的作用来实现的，是经过了科学的研究与论证确定的。方案的可行性也是指完成目标的工作步骤和措施是否客观，方案的设计是否考虑到了各工作要素和客观环境条件，是否与这些因素有太大的冲突等。纵观一些教育的或者高等教育事业的发展规划历史，对比过去我们感觉到，现在编制的规划越来越讲求实效，目标的确定越来越清晰，可定量可定性的时候一般是定量反映，而且这些量化指标和定性描述是许多人通过许多程序完成的。

第四节　控制与协调功能

高等教育管理的实施过程中很重要的一部分就是控制与协调。控制就是对组织运作及组织活动进行规范性干预，大都是制度性、行政性的强制性干预。而协调除了有些是通过控制的手段外，更多的是用技术和软性的方法来解决管理活动中的问题和矛盾，包括通过管理化解矛盾。这里我们主要研究控制的问题。

一、高等教育目标控制

（一）高等教育目标控制的必要性

高等教育目标的实现程度是衡量高等教育管理效能的重要基准，也是高等教育控制的主要依据。高等教育目标又是相对于社会对高等教育的需求而言的，是预设的推动预期高等教育目的实现的导向和标准，因此具有预见性特征。随着时间的推移及高等教育活动主客观条件的变化，不论是宏观高等教育管理还是微观高等教育管理，对高等教育目标适时进行控制和校正都有其必然性。

同时，高等教育目标又深深地带有目标制定者对教育价值判断的印记（如对普通教育或学生个性应达到的结果的不同认同），而现实的教育目标的实行通常并不完全按照教育理论家或政治家的设想去进行，对于高等教育目标操作中出现的与理想之间的偏差自然也需要加以控制。

各教学和行政管理部门在贯彻和实施高等教育战略目标及和办学目的有关的计划、程序时，往往需要制定详尽的子目标。各子目标之间是相互关联的，它们之间的协调既是重要的，也是困难的。人们往往会因各自不同的目的或利益而发生矛盾甚至冲突，尤其在功利性色彩较为浓重的组织活动中，对各自目标的追求和竞争在很大程度上代替了对总目标的无条件服从。对于子目标执行过程中出现的种种偏离总目标的行为，需要有一定的制度和机制对其实行调控。

从历史上看，高等教育发展要经历数量扩张与质量提高之间的矛盾。对数量目标或质量目标的侧重往往带有功利性目的。例如，服从于一定的政治目的（如教育机会均等），要以数量发展为保证。而从维护高等教育自身的学术地位来看，质量目标似乎应首先考虑。然而，数量发展并非没有限制。一方面，数量的过度扩张必然带来教育资源分配的紧张（尽管适当的数量规模有助于管理效益的提高）；另一方面，数量的增长也可能损及局部的质量。对于高等教育质量控制，除了数量因素外，系统内部已有的制度、管理人员的素质、师生之间的互动、学生的成绩、毕业生的受欢迎程度等都是质量控制的重要内容。在此，我们拟从高等教育数量控制和质量控制两个方面简单探讨一下高等教育目标控制问题。

（二）高等教育数量目标控制

在对高等教育数量目标进行控制的过程中，有必要分清政府主管部门与学校两者的不同职能、权利及义务。

政府宏观调控职能，应包括以下几个方面：

（1）向学校及时、准确发布人才需求信息（包括数量、层次、规格、专业、学科、地区需求等）；

（2）制订长远发展规划，对学校进行总体指导；

（3）依据学校的办学条件，合理核定招生总量规模；

（4）制定扶植学校发展的方针、政策和措施，使学校的发展不过分地受到市场的影响，保持学校发展的相对稳定性；

（5）对学校进行定期评估，并把评估结果作为学校改善办学条件，决定能否享有或继续享有一定程度招生计划自主调节权的重要手段。

学校方面若要实行招生计划自主调节的职能，则应有以下保障条件：

（1）研究、制定学校发展的中长期发展方向、目标和总体规模，并经主管部门核定；

（2）对学校的教学质量、科研水平、产业发展、整体管理、办学条件等应承担相应的责任；

（3）在政府宏观指导下，学校逐步建立自我发展、自我约束和自我调节的机制。

（三）高等教育质量目标控制

1. 高等教育的质量标准

将高等教育目标分解为数量目标和质量目标，是从高等教育增长方式角度来划分的。高等教育目标还可以从高等教育功能的角度来考察。例如，随着社会的进步，高等教育活动正呈现多元性：保存和传递人类已有文明成果，培养和提高公民的素质；探求未知领域，发展科学技术和文化；满足社会对人才开发及科技开发、应用等方面的要求；大学直接参与社会经济建设，服务于社区和国家建设等。这些活动同时也构成了高等教育的目标体系。由于现代高等教育具有多方面的目标与功能，因而衡量高等教育质量的标准也不是单一的。

学术标准是其中十分重要的一条，但绝非唯一。除学术标准外，还有高等教育的"适切性"问题，即是否适应社会发展的需要，是否切合受教育者身心发展及其就业的需要等。一般而言，高等教育系统内部往往倾向于强调教学、科研的学术标准，强调学科、专业的内在逻辑和科学性，而社会（包括用人单位、学生、学生家长等）更多地关注高等教育活动对现实的适切性、实用性。例如，学校课程设置、教学内容是否有利于日后就业；在缴费上学的条件下，对入学的投入能否保证更大的回报；高等学校的科研是否能向企业提供新产品、新工艺，从而给企业带来可观的经济效益。在理想状态下，高等教育质量应兼顾学术、社会需求、受教育者意愿和能力等多方面因素。在对高等学校的质量评估标准中，专家们也力图全面反映这些因素。

在实际操作中，诸因素兼顾是非常困难的。如果我们根据不同的质量标准（尤其学术标准），将高等学校做适度分级，思路可能会变得清晰些。同一课程在不同性质学校的专业里，其学术性程度是不同的，衡量这门课程的质量标准自然也不同。例如，工科教育中的数学课和理科教育中的数学课是不一样的，前者强调数学作为一门工具性课程的实用价值，而后者十分注重数学课的逻辑性、探索性。推而广之，每所学校根据不同的功能定位，其学术水平的要求可以有差异，每一层次的学校可以在同类中进行竞争，并进一步进入更高层次的学校行列。正如美国学者伯顿所说："高等学校的分级制度可以而且往往是质量控制的一种管理形式。它利用公众舆论和院校评议两种手段，根据觉察到的能力给各校以应有的地位、尊重和待遇。"

高等教育的质量标准没有统一之说，宏观的质量标准反映在适应度上，主要是指高等教育与社会经济发展的适应度，科学技术与科学文化知识创新水平、培养的人力资源的数量与质量是高等教育适应度的主要内容。高等教育组织办学的质量标准正在探索和完善，特别是综合考察学校办学的质量、水平、效益等，已经逐步成为高等教育质量标准的主要内容。目前，我国评价大学质量标准方面的研究有些进展，但是在教学与学术方面，还不能完全评价学校的整体质量。

2. 高等教育质量控制手段

从时间上看，高等教育质量控制可分为以下三类。

（1）前馈控制

前馈控制的主要内容是指对高等教育质量设置的过程进行控制，对高等教育质量运行的方案设计进行控制，尽量避免出现问题。

（2）过程控制

关注高等教育质量活动过程与高等教育目标的契合程度。在高等教育运行中，不断设置一些中期评价的行为，以对出现的问题做出诊断，对运行中的方法进行调整，使运行过程不致在偏离目标太远的时候去采取校正措施，最大限度地保证高等教育质量。

（3）反馈控制

反馈控制绝不是等活动全部结束后，才通过对活动的结果进行信息反馈来加以控制。反馈控制仍然是在管理活动的过程中，对于某项活动的运行状况随时进行信息反馈和控制，当然，这一活动一定是指一个有结论的过程，对于没有按照规定的目标和要求而出现的情况进行调控。当然，终结反馈也是必要的，终结反馈的结果只能是对下一个循环进行调控。要注意反馈信息渠道的正常与多元，避免错误反馈。通过建立专业性鉴定委员会等方式加强反馈信息的权威性，不应将事后的质量评估视为工作的终了，而应积极地为新一轮工作、活动提供质量控制及工作改进的建议。

高等教育的质量控制还有评估、标准化质量管理等其他控制手段。

二、高等教育行为控制

规范高等教育的行为是高等教育管理控制功能的首要任务。

任何管理活动都是人的活动行为，不论是宏观管理还是微观管理，行为控制也许是管理活动中最复杂的课题。一是人的行为很难精确预测，因而很难判定它与目标究竟有多大程度的偏差。二是人类对行为规律的了解还很肤浅。几十年来，随着心理学和行为科学的发展，不少学者对行为控制问题做了较深入的探讨。高等教育活动的人是由多个个体组成的人群，因此人群的行为规范就显得更为重要了。

（一）高等教育组织行为的管理

从微观高等教育管理来看，高等教育领域的教学与科研活动属于高智力型。高等学校的教师和学生致力于知识的探索与传播，他们在实现高等教育目标的活动中的各种行为有别于其他社会组织。不过，普通的组织行为管理技术对于高等教育系统中的行为控制仍然是很有价值的。它立足于人的行为和环境的相互作用，试图通过对环境条件的控制以实现对人的行为的控制，从而促使人的行为向预期的方向发展。它通过强化满足条件，得到预期结果以改进行为，根据具体的人处理各种预期的结果，及时提供程序性的行为规范。在高等教育管理中，要帮助高等教育系统的成员形成良好的职业行为，就需要为他们创造条件，也需要强化某些满足条件得到预期结果。例如，只有按照一名校长应做到的行为规范与行为要求来挑选校长，并为他履行校长职责创造各种相关条件，才有可能得到预期结果。

（二）组织行为的修正

组织行为的修正主要针对那些与完成工作任务不一致或不协调的行为，因为它们不仅会影响组织目标的实现，而且会导致组织的功能障碍，威胁到组织的生存发展。组织行为修正技术包括以下五个环节。

第一，鉴别与工作有关的行为事件。其和组织行为管理技术一样，它特别重视外显的行为，而不重视态度之类不可直接观察的变量；它只鉴别与工作有关的事件，而不考虑与工作无关的事件。

第二，测量行为。它包括观察行为、记录行为，然后根据记录的结果描述各种行为，以引起人们对这种行为的注意。

第三，对行为进行功能分析。它包括将行为和各种环境变量分解成功能因素，找出行为和环境变量（事件）之间的关系，最后找出影响和控制行为的因素，为修正行为提供科学基础。

第四，寻找修正行为的途径和方法。包括三个步骤：在分析行为功能的基础上分析行为与环境事件的联系，找出因果关系链，并确定采用何种方法去修正行为；应用和实施修正技术，通常的手段有强化、惩罚、消退，或这些手段的相互结合；采取适当的强化方案，维持期望的行为。

第五，对整个工作进行评价，以确定修正的方法是否妥当，为以后碰到类似的问题提供科学依据。

三、高等教育财务控制

高等教育财务控制是高等教育系统内部各组织借助于对货币资金的使用效能的筹集、分配和使用采取的一整套管理和监督方法，从而使有限的教育经费得以最大限度地发挥，达到预期目标的过程。与其他社会系统的财务控制类似，高等教育财务控制大致也包括预算、会计、决算、审计几种活动。

（一）高等教育的财务预算

高等教育的财务预算主要是指对高等教育事业经费的编制、分配、执行、调整和分析等一系列的过程。高等教育预算过程的基本目的是确定从中央到地方主管部门、从大学到学院、从学院到系科、从系科到教学科研人员等的资源分配和调整。在确定预算拨款时，要对资源可选用的方案做出明确的抉择，因此高等教育预算的核心问题是根据什么把 X 款项拨给 A 项活动而不拨给 B 项活动。

高等教育的财务预算工作具有计划性，可以看作计划工作的一部分，同时它也可被视为管理工作中的控制手段，是一种典型的前馈控制。一般来说，它具有以下特点：第一，以预算与价值计算的形式定期地进行；第二，预算按一定的组织系统自上而下有序地进行；第三，预算的目的是保证教育计划的顺利实施，促进教育效益的不断提高。

根据不同的方法，高等教育的财务预算可以有不同的种类。如按其编审程序可分为以下若干种。

概算：拟编下年度预算的估计数字。

拟定预算：未经一定程序核定的年度收入计划。

法定预算：经过一定程序审批生效的正式预算。

分配预算：按法定预算确定的范围来分配实施的预算。

如按时间的先后顺序，则可分为以下四种。

经常预算：正式的常规预算。

临时预算：正式预算确立之前暂时实行的假定预算。

追加预算：在原核定的预算总额以外增加收入或支出的数字。

非常预算：为应付意外事变所做的特殊预算。

（二）高等教育财务的会计与决算

在高等学校，会计是以货币为主要计量单位对学校的经济活动和预算执行过程及其结果进行反映、监督和管理的一种财务控制方式。它包括三个部分。第一，会计核算。根据学校的经济活动和预算执行过程及其结果，连续地进行记录和计算，并根据记录和计算的资料编制报表。第二，会计分析。根据会计账簿、会计报表及其他资料，对财务情况进行分析研究。第三，会计检查。根据会计凭证、账簿、报表和其他资料，对有关单位业务活动的合法性、合理性，会计核算资料的正确性及财政政策和财经纪律的执行情况进行检查。

会计的基本职能在于反映和监督一定范围内的资金使用情况。会计的任务主要包括：第一，根据有关法令和规定来编制并执行预算；第二，进行经济核算，加强现金管理，做好结算和核算，提高资金使用效益；第三，对高等学校的所有经济活动进行正确、完整、及时的记录，编制凭证，登记入账，上报会计报表。

高等学校的决算是执行预算的总结，是反映全校年度预算结算的书面报告。预算年度结束时，学校的财务活动便进入决算编制阶段。决算的编制一般分六个步骤：第一，拟定和下达编制决算的规定；第二，进行年终收支清理；第三，制定和颁发决算表格；第四，进行年终结账；第五，编制决算；第六，上报。

（三）高等教育财务的审计

高等教育的财务审计分为国家审计和部门审计，在必要的情况下，还有司法审计。在高等学校，审计工作是对会计账目进行检查，对有关的财政或财务收支活动情况进行监督的一种财务控制活动。

审计主要对财务活动的以下五个方面做出判断。

1. 合理性

合理性是指审核检查的经济活动是否符合有关规章制度的要求。

2. 合法性

合法性是指审核检查的经济活动是否符合国家有关的法律、政策、法令或条例。

3. 合规性

合规性是指审核检查的经济活动是否在正常或特定的情景下应该发生，是否符合学校管理的原则。

4. 有效性

有效性是指审核检查的经济活动有无经济效益。

5. 真实性或公允性

真实性或公允性是指审核检查经济活动的资料是否如实、适当地反映了它所要表现的经济活动。

审计按其内容和目的可分为以下两大类。

1. 财政财务审计与经济效益审计

前者是审核检查财政财务活动，目的是对这类活动的合规性、合法性做出判断；后者是以实现经济效益的程度和途径为审查内容，目的在于提高经济效益。

2. 按照审计主体与被审单位之间的关系

审计又可分为外部审计与内部审计。外部审计是指由被审单位以外的国家审计机关、上级审计部门或民间审计组织进行的审计。内部审计是由本校审计部门进行的审计。

国家对审计部门的各项任务做出了详尽的规定，其中主要有以下几个方面：

（1）对财务收支计划、经费预算、经济合同等方面的执行情况进行监督。

（2）对内部控制制度的健全、有效与否及执行情况进行监督检查。

（3）对会计报表和决算的真实、正确、合规、合法情况进行审计并签署意见。

（4）对严重违反财经法纪的行为进行专案审计。

为了完成对高等学校财务的审计活动，审计部门拥有以下主要职权。

（1）检查有关的会计凭证、账簿、报表、决算、资金、财产。

（2）查阅有关的文件、资料，召开或参加有关会议。

（3）对有关人员或问题进行调查并索取有关材料。

（4）提出有关意见和建议。

（5）对各种不按规定、违反财经法纪的人员或做法提出处理，并向有关领导部门反映审计结果。

高等学校内部审计工作有以下几种组织实施方法。

1. 系统审计

根据学校办学特点，组织有关基层单位针对特定项目，系统开展审计活动的一种方法。

2. 专题审计

分别按各个职能部门所主管的业务，开展专题性内部审计工作的一种方法。

3. 同步审计

在同一时间内，对两个以上所属单位审查内部相同业务的一种内部审计工作的组织方法。

4. 轮回审计

把下属单位按邻近原则，划分成若干片区，成立片区审计小组。片区审计小组在内部审计部门的指导下，按规定审计内容，有计划地、轮回地对本片区各单位进行审计。

5. 审计调查

针对本单位经济活动中带有共性和倾向性的问题，对不同下属单位进行内容相同的调查，以便摸清情况，及时为领导决策提供信息。

审计工作中还有一个重要的方面，就是以各项作业为对象，以审查各项作业财务上的合法性与经济上的合理性和有效性为目的的作业审计。例如，对引进某种仪器设备的作业，对进行某项教学改革的作业，都可以进行作业审计。作业审计不但要运用财务审计的一些方法，而且要运用一些技术分析方法，如网络计划技术、线性规划技术、价值工程和价值分析技术等。作业审计不仅要审查与作业有关的财务问题，还要审查对作业的管理水平，它可在作业项目的事前、事中或事后等时间段进行。

审计工作中另一个重要方面就是合同审计。目前，随着高等教育的发展，高等学校与社会经济生活建立了越来越广泛的联系，与高等学校有关的各种类型的合同越来越多。合同是不同法人之间为实现一定目的，明确相互权利义务关系而订立的协议。它涉及有关法规、规定，需要就合同的合法性、有效性和完整性进行审计，因此合同审计对于保障合同双方的合法权益非常重要。具体而言，合同审计的主要内容有以下几个方面：检查合同管理制度是否健全完善；检查签约双方是否合格，是否具有执行合同的能力和诚意；检查合同内容是否符合有关法律、法令和条例；检查合同是否完备，措辞是否准确；检查合同内容是否可行。

四、高等教育的宏观调控

高等教育的控制不仅包括一些技术性的环节，而且在发展过程中与制度性的宏观调控水平高低有关。这种宏观调控对高等教育发展的影响力往往更为深远。这里所指的宏观调控手段包括高等教育立法、高等教育政策、高等教育财政拨款等。

（一）高等教育立法

长期以来，中国高等教育管理与计划经济相适应，高等教育接受国务院教育部，法律的效用实际并不明显，所颁布的有关法规大多以"暂行条例""试行草案""讨论稿""纲领""通知""指示""会议纪要"等形式出现。这些法规缺乏法律应用的稳定性和科学性。高等教育法规变化频繁是高等教育平稳发展的又一大障碍，这体现为对管理制度规定的措辞经常性地变化。同时，对措辞本身的解释通常也模棱两可，不够准确，自然也就缺乏可操作性。另外，从法规的内容来看，也有失全面。这表现在法规内容调整教育内部关系的多、调整教育与外部关系的少，规范学校的多、规范教育行政部门的少，法规的限制性条款多、保护性条款少，义务多、权利少，如很少具体明确学校、教师、学生的办学权、教学权和学习权。

（二）高等教育政策

市场经济条件下，高等教育也受制于市场这只"无形的手"的控制。高等学校以自己的办学特色多样、专业各异展开对生源市场的竞争；政府与高等学校之间通过科研成果的买卖关系，使后者从前者那里获取研究经费，促进学术水平的提高；学校通过对教师和行政人员的评聘，促进学校内部办学机制的改善，形成不同的学校类型、学科及教育层次。那么，在法律形成滞后时，政府的高等教育政策必须适时做出调整，以保证上述高等教育运作的顺利进行。实践表明，如何保持行政干预（以政策形式）和市场调节的平衡是一个重大而棘手的课题。对于习惯计划经济思维模式的决策者来说，要想真正具有适应并驾驭市场的能力，还有很长一段路要走。尤其是在当前形势下，对高等教育本质的认识在不断深化，很多人习以为常的观念将受到形势发展的强劲挑战。高等教育政策理应更有前瞻性，而不是滞后于形势的发展。高等教育的决策过程必须走向科学化、规范化。政策的实施过程必须有强有力的制度保障和监督，否则，政策实施过程中将避免不了长官意识、阳奉阴违等问题，高等教育政策的宏观调控作用不但不能得到发挥反而有可能误导高等教育的发展，造成高等教育质量和效益的下降。

（三）高等教育财政拨款

高等教育财政以其拨款的原则和标准来引导、控制高等教育发展的方向。例如，美国采取"卓越质量原则"，鼓励公平竞争，因而财政资助大部分集中到少数历史悠久、研究力量雄厚的著名大学，其中大多数为私立大学。此外，美国联邦政府还给高等学校其他形式的间接资助，如减少那些资助高等教育的个人或组织的税收等。在中国，科研经费的发放由有关机构、各级政府设立的多种科学基金组织，以课题项目方式向社会招标，高等学校、研究机构均可提出申请。事实上，各校获得经费资助的机会并不均等，一般教育部所属的重点大学往往获益较多。在"条（中央、地方）块（省、部委）分割"的管理体制下，部属和省属院校之间获得的科研经费存在较大差距。在此种制度下，由于缺乏足够的公平竞争机制，通过财政资助方式去引导学校质量走向卓越的愿望自然无法真正实现。过去几年，"211工程"的实施较好地将中央与地方财政资助结合起来，体现了效率优先的原则。考虑到国家对高等教育有重点发展的要求，各省均对自己管辖的重点大学积极投资，扶植重点学科、专业，使高等教育与地方建设的关系更为密切。当然，这种资助方式的实效有待更长时间的检验。就目前情形而言，高等教育资助中仍然存在如何公正、公平、公开配置有限资源的问题，一些地处较发达地区的高等学校因为新的资助政策，往往可以比那些处于落后地区的高等学校享受到更多的好处。在这种趋势下，高等教育必然只能走"非均衡"发展的道路，但问题的关键似乎已不仅仅在于资助方式本身，高等学校自主发展空间和权利将是决定性因素。

第五节 高校大学生教育管理的现状

一、高校大学生教育管理的现状

（一）空洞的制度管理，缺乏有效的教育

高校一直以来都以强制性的方针政策及各项管理规章制度监督管理学生，以达到统一管理的目的。但是在这种管理体制下，学生缺乏主动自我管理，从而形成消极态度，更培养不了良好的学习习惯。这样不仅难以把行为规定内化为他们对自身的要求，而且容易引发各种矛盾。

（二）管理意识加强，服务流于形式

高校学生管理工作的进行都是为了更好地服务于学生，因此身兼双职的学生管理工作，即管理与服务学生，两者的关系一直都难以平衡。因为在日常的工作行为中，更加强化管理，而为学生做好服务往往流于表面形式，对学生学习、生活、感情、就业等方面缺乏真正的帮助和引导。

（三）管理的手段单一

对于违规违纪和成绩落后的学生，辅导员往往是站在学校的立场进行说教式的批评教育，采用取消评奖评优等处罚式的手段。对于大学生来说，他们常以不配合或沉默的方式来抵触这样的管理方式。而在激励方式方面，过于集中在评优资格和德育加分，无法达到教育管理的真正目的。

二、大学生教育管理方式的创新

（一）推行导师制管理模式，营造高校全员育人氛围

可在校级层面成立导师制工作指导委员会，协调指导各学院导师制工作，而各学院可在学生工作组机构下增设导师制工作小组，动员本系有资历的专业教师，鼓励具有博士学历的青年教师参与到导师工作当中，充分利用年长教师的工作经验和年轻教师的工作热情帮助和引导本科生顺利完成学业。导师可以按 1∶10 的比例兼职指导本科生，导师也可根据工作需求，使所带的高年级研究生担任本科生班主任共同参与到学生的管理中。由于学院思想政治辅导员更多的是将工作重心放在学生的思想和生活中，导师可将重心放在学习方法的掌握、课程设计、学科竞赛和专业论文的指导之中，倾听学生心声，了解学生动向，根据学生意见及时调整授课方式和课程进度，并将掌握到的学生状况定期反馈给辅导员，让学生、教师等参与到高校教育管理中，通过沟通、协调、参与决策等方式，建立一

种"学校管理—多方参与"的新教育管理模式。这种管理模式有利于充分营造师生互动、研本互动、教学互动的全员育人氛围。

（二）设立家长委员会制度，形成家校共管格局

设立家长委员会，通过学院牵线搭桥，设立本地家长委员会和外地家长委员会，鼓励家长参与学生课余安排和学习生活的监管。对于外地家长委员会，定期通过网络会议集中交流，明确各自在学生管理中的职责和分工；对于本地家长委员会，定期邀请家长来校与学院领导、辅导员共同座谈，研讨引导学生的方法，遇到高校管理中的重大问题共同商讨，交换意见。让家长真正参与到高校发展和学生管理当中，建言献策，这可以有效使双方增进交流关系，明确共同责任，同时也有利于学校充分利用家长资源为本校学生推荐就业单位。

（三）推进宿舍管理创新，实行公寓化管理

宿舍不仅是学生课堂的延续，也是学生生活和休息的场所、娱乐的天地，更是信息获取的窗口和思想交流的平台。一般来说，同一个专业班级的学生宿舍较为集中，这就为以宿舍为基础的管理提供了便捷。可以精简传统的学生会组织，并将其职能界定在应对学校各级部门布置的任务上。同时，成立以公寓为阵地的学生公寓管理委员会，将其职能界定在学院内部日常事务的管理上，通过挑选学院中成绩优异、待人热情，又有一定办事能力的学生担任委员会常任委员，以公寓中各宿舍舍长为流动委员，设立《公寓管理委员会工作制度》，通过征求公寓全体成员的意见制定《学生公寓自治管理条例》，在此基础上进行管理。

（四）促进德育方式多样化，寓教育于实践

在德育工作中，作为高校层面，应当在课堂教育之外开展广泛的校企合作，在多家合作企业设立多样化的德育教育基地，分批次、分季度带领学生参观不同类型的企业，感受多元企业文化，增强学生的社会认知度和责任感；定期邀请企业成功人士来校开办讲座，进行励志教育；利用签约企业在高校设立专项奖助金的颁奖仪式对贫困生和获奖学生进行感恩教育；高校还可与兄弟院校开展长期性的交流合作，每月互派学生交流走访教育基地，实现资源共享，教育共进；可设立表彰专栏，每月收集本院学生所做的好人好事，按贡献值大小划分等级，利用张贴红榜、综测分奖励等形式予以公开表彰；在暑期社会实践以及课程实习中，领队教师可设立团队任务，让学生在具体实践中体会到团体协作的重要性，增强学生的集体主义精神；高校职能部门老师还可推荐相关学生团体与省市红十字会、消费者协会等社会公益组织对接，让学生走进社区切实为人民服务，把书本上条框式的德育教育带到生活之中，把德育工作融合在社会实践之中，使学生在实践之中受到德育熏陶。

（五）善于发现优点，开展赏识型教育

对于犯错误、学业成绩不理想的学生，辅导员可以尝试开展赏识教育，以共同探索问题为目标，将批评转化为表扬。辅导员可在谈话前充分发掘学生的优点，在谈话时首先对

其优点加以评价和赞扬，通过表扬缓解或消除学生对老师的抵触心理，然后与学生一起回顾整个事件，让学生回想当时的动机、真实的想法，说出自己的理由，再次引导学生说出正确的做法，待学生认识到错误后进一步表达对学生能改正错误的信任，以及能发扬其自身优点的期待，最后在相互理解与信任的基础上与学生共同订立个性化的目标管理方案。发挥学生的主体作用，变批评为赏识，以情动人，能进一步激发学生成功的信念，从而使学生进入"初步成功—获得初步成功的体验—自信心增强—产生较强的成就动机—获得较大的成功—获得较深刻的成功体验—自信心进一步增强"的良性循环。

对于大学生的教育管理，高校应当变革传统的教育理念，拓展育人工作思路，创新教育管理方法，不断提升大学生教育管理工作的质量和水平。

第四章　教育管理的管理科学理论基础

第一节　古典管理理论

古典管理理论是指 19 世纪末 20 世纪初在西方一些国家形成的系统的管理理论。19 世纪末 20 世纪初，科学技术水平和生产社会化程度得到了很大提高，尤其资本主义经济由自由竞争阶段进入垄断阶段，企业规模扩大，管理工作日益复杂，劳资矛盾进一步加剧，经济危机频频爆发。这一切都表明，资本家原来那种"家长式"的行政管理和单凭经验办事的管理方法已不能适应生产发展的需要。在这种背景下，资本主义国家的一些企业管理人员、工程技术人员则开始进行各种实验研究，总结管理经验，探求提高劳动生产率的新的管理方法，其主要代表是泰罗的科学管理理论、法约尔的一般管理理论和韦伯的行政组织体系理论。这三个理论被称作古典管理理论的三大支柱。

一、泰罗的科学管理理论

美国管理学家弗雷德里克·泰罗（1856—1915）是科学管理理论的创始人，在资本主义管理学史上被称为"科学管理之父"。他本来是一个工人，后来当过工长、绘图员、技术员和工程师，最后当上了总工程师和管理顾问。他一生还有许多发明和技术革新成果，获技术专利一百多项。他在总结前人研究成果的基础上，通过管理方面的许多重要的试验研究，如"搬运生铁块试验""铲铁砂和煤块试验""金属切削试验"等，提出了他的科学管理理论。他的主要著作有《计件工资制》（1895）、《车间管理》（1903）、《科学管理原理》（1911）。泰罗科学管理理论的主要思想可以概括为以下几点。

（1）科学管理的目的和中心问题是提高劳动生产率。

泰罗认为，最高的劳动生产率是工厂主和工人共同达到繁荣的基础。它能使工人关心较高的工资和工厂主关心的较低的劳动成本结合起来，从而使工厂主得到较多利润，工人得到较高工资，进而提高他们对扩大再生产的兴趣，促进生产的发展，达到工厂主和工人的共同富裕。

（2）科学管理的精华是要求管理人员和工人双方实行重大的精神革命。

精神革命就是工人和工厂主之间不要对立，不要把注意力放在多余的分配上，而应转向增加盈利的数量，在科学管理的基础上实现劳资双方相互合作，共同促进增加生产，提高效率。

（3）标准化原理。

标准化原理即通过对工人的每个动作和每道工序的分析研究，确定标准的操作方法，以代替过去工人单凭经验的操作方法。与此同时，实行操作所需要的工具和环境应标准化，并根据标准化的操作方法和环境的标准化，确定工人一天必须完成的标准的劳动定额。

（4）为了鼓励工人打破劳动定额，实行刺激性的差别计件工资制度。

（5）科学地选择"第一流的工人"，并用科学的操作方法来培训他们，使他们真正按照科学的规律去操作。

（6）把计划职能和执行职能分开，使工人和管理部门分别执行不同的职能。

（7）实行职能组织制，将管理工作予以细分，使所有的管理者只承担一种或两种管理职能。

（8）实行例外原理。

泰罗提出高层主管人员为了减轻处理纷繁事务的负担，应把处理一般日常事务的权利授予下级管理人员，高层主管人员只保留对例外事项（重要事项）的决策权和监督权。

泰罗的管理理论有许多弊病，所谓科学管理，实际上是加强对劳动控制的手段，它使工人的意识和行动分离，丧失工作过程中的自主权，成为管理部门的生产工具。所谓"高效率"是以工人极度紧张的劳动为代价的。然而，这毕竟是人类管理活动史上的一次变革，它反映了当时机器工业生产中的某些客观规律，对以后的管理实践和理论的发展有重要影响。正如列宁所说的："泰罗的管理理论一方面是资产阶级剥削的最巧妙的残酷手段，另一方面是一系列最丰富的科学成就。"

二、法约尔的一般管理理论

法国管理学家亨利·法约尔（1841—1925）是与泰罗同时代的人，他1888年担任高芒特里—福尔尚布德公司总经理，1918年任公司董事。由于长期担任企业领导工作，对工厂企业的组织、领导机构及组织管理的过程、原则等表现出极大的兴趣，并进行了卓有成效的研究。他的代表作是《工业管理与一般管理》（1916）。

法约尔认为，管理和经营是两个不同的概念。企业的全部经营活动可以分为六项，而管理只是其中的一项。这六项活动是技术活动、营业活动、财务活动、安全活动、会计活动和管理活动。

法约尔认为，管理包括五项职能，即计划、组织、指挥、协调和控制。法约尔还提出，为了实施这五项职能，必须遵循十四条原则，即分工、权限与责任、纪律、命令统一、指挥统一、个别利益服从整体利益、报酬、集权、组织等级、秩序、公平、人员的稳定、首创精神、集体精神。此外，法约尔还论述了社会组织的各级领导人应具有不同的知识结构以及企业人员的培养问题。

法约尔的管理理论受泰罗科学管理理论的影响，但又与之有不同的特点。他把管理作为特有的概念加以理论研究，提出了管理职能和原则。他对管理职能的分析，提供了一套管理思想体系。他的管理原则基本上属于组织原则。

三、韦伯的行政组织体系理论

德国管理学家马克斯·韦伯（1864—1920）与泰罗、法约尔不同，他毕生都在从事学术研究，是当代德国有影响的学者和著作家。他涉猎的领域广泛，尤其是在宗教、政治、社会科学方法论等方面的著作颇丰，代表作是《社会组织与经济组织理论》。特别是他提出的行政组织体系理论（又称官僚组织模式理论、科层管理理论）对西方古典组织理论的确立做出了杰出贡献。其基本观点介绍如下。

（一）职位分类

每个组织的存在都有其组织任务，组织任务的完成必须依赖各个工作部门，每个工作部门下边还有若干工作岗位，每个工作岗位都应该专业化。组织的建设就是从职务岗位的划分开始的。

（二）权利分层

组织按照等级原则，从顶层到基层有一条权利线。每个层次有不同的职务、责任和权利。

（三）法定资格

每个岗位的人员都必须是称职的。所以，组织以"法"的形式规定每个职位的任职资格和条件以及对他们考核的标准和方法。

（四）委以责任

除按规定必须通过选举产生的公职人员以外，官员是委任的，而不是选举的。在授权的同时要委以责任，他的行为必须对上级行政组织负责。

（五）遵纪守法

官员不属于任何一个社会组织的成员，是为全体公民服务的，必须遵守行政组织的纪律和规则。

（六）理性关系

组织内部各个成员之间只讲理性，不讲感情。

（七）固定工资

官员领取固定工资，有明文规定的升迁制度，不得利用行政职位之便获得工资以外的任何报酬。

管理学界认为，20世纪以来工商界的经济组织由家长式的管理演变成科层式管理，这既反映了工业革命对工商业发展的要求，又体现了法制社会的必然结果。这种以责任制为基础、以权利为核心的理性组织的权威性对提高行政组织工作效率有积极意义。它是一种理想的组织，但不是目前现实的组织。

美国的古利克和英国的厄威克综合研究了泰罗、法约尔、韦伯的管理理论，认为这些管理理论之间可以相互补充，结合成一体化的古典管理理论。他们提出了适用于一切组织的八项原则，分别是目标原则、相符原则、职责原则、组织阶层原则、控制跨度原则、专业化原则、协调原则以及明确性原则。他们把古典管理理论中有关职能的理论系统化提出了有名的"七职能说"，即计划、组织、人事、指挥、协调、报告和预算。

四、古典管理理论对教育管理的影响

这一理论对美国乃至世界范围的教育管理都有深远而持久的影响。受泰罗的科学管理理论影响，教育管理人员开始注重办学质量和效益问题，甚至把泰罗的科学管理作为衡量学校管理的主要标准。例如，1908年达顿和斯奈登出版的《美国公共教育管理》的基本观点就是要注重管理的合理性和有效性，倡导用较少的管理资源取得较好的实际效果，注重专家的作用，采用行政的方法对教育、教学工作进行业务分析，找出合理的标准的工作方法。这是泰罗的标准化管理和定额管理在教育管理上的最早应用。雷蒙德E.卡拉汉在《教育与效率的崇拜》一书中描述当时美国学校的校长为赶"时代潮流"，要求教师以分钟计算去安排工作，利用每一天的时间。埃尔伍德·卡伯利在《公立学校的行政》一书中认为学校是一所将原料制成各种产品以满足各种生活需要的工厂，主张运用泰罗制总结城市学校行政的经验，并把这种办法运用到州和郡的公共教育组织和行政问题上去。富兰克林·鲍必特认为，要提高学校行政工作的效率，首先要确定学校"产品"的理想标准（毕业生的标准），其次是规定学校的"生产方式"和程序，最后是生产者（教师）必须具备的资格和工作准则。教师要遵守由专家制订的"详细的教学计划所应达到的标准，所应用的方法与所使用的教材"。这种效率、成本和标准化的观念对传统教育管理产生了很大的冲击，使教育管理人员不得不放弃传统的教育管理观念和做法，转向接受工商业界的市场原则、价值标准和相应的管理行为。

在国外，人们对在教育管理中应用泰罗制有很多争议。从实际情况来看，泰罗制的管理思想对于实现学校管理的科学化、提高工作效率确实起着积极的作用。但它也存在很多问题，如把工厂企业的管理方法完全照搬到学校管理上，忽视教师劳动的特点，忽视学校组织与工厂的区别；泰罗制所推崇的管理方法在学校管理中不一定完全适用，如标准化管理问题，如果学校管理过于强调统一和标准化，就会扼杀被教育者的个性发展，减弱教育价值；在教育管理中如果过分强调权力等级结构、规章制度、物质刺激，忽视教职工的心理需要，就不能有效充分地调动他们的积极性。

受韦伯行政组织体系理论的影响，美国教育管理学专家马克斯·阿博特提出的学校组织有许多特征是符合韦伯原则的。他认为，学校组织具有分工等专业化特性，学校内部有着明确严格的纪律和规章制度，学校管理的理性化程度高，教职员是按照自己的职务、责任、工作量领取工资。因此，要提高学校管理的效率就必须从学校组织建设的程序化和规范化做起。

总之，古典管理理论对教育管理无论是在观念上还是具体管理方法上都有深刻的影响。从观念上来说，它使教育管理人员认识到教育管理活动是可以控制的，通过设计一个合理的组织结构，编制一套完善的规章制度，遵循一系列科学的管理原则，再辅以严格的奖惩手段，学校组织也能像其他组织一样，在有限的条件下实现最佳的管理目标。从具体的管理方法来说，如今学校里的许多做法都受到泰罗制的影响，如表4-1所示。

表4-1 古典管理理论应用表

古典管理理论	适合于教育管理的例子
建立权力等级结构	控制的层次：教育局局长→校长→教导主任→年级组长→教师→学生
工作任务和作业水平的科学度量	全面测试学生在学科领域的能力等方面的情况，并按学习水平分类
规定工作的科学程序	三年级的知识有别于四年级的知识，并为四年级的知识做准备，依此类推
建立劳动分工	语文教师、数学教师、英语教师、历史教师、体育教师、教学辅助人员、校工
确定适当的控制幅度	中小学师生比为1：40，正副校长之比为1：3
制定行为规范	学生手册、教学常规管理条例、教师奖励办法
招聘人员以能力和专业为基础	进入教育部门工作的人员要求有教师资格证书
制定出完成任务的最佳方法	学校不断寻求课程的最佳教学法
在雇员中建立纪律	学生要遵守学校规章制度；教师要服从教育规范，为人师表

第二节　行为科学管理理论

从20世纪20年代开始，资本主义经济发展进入一个新的时期，科学的进步、技术的发展使生产规模不断扩大，新技术成就广泛用于工业部门，资本主义生产越来越机械化、自动化，它不仅对生产者水平的要求越来越高，同时也使生产者的"异化"程度越来越严重，人们成了机器的附属品。如何使人们摆脱机器的奴役，变被动劳动为积极劳动？成为新的研究课题。另外，由于工人阶级觉悟的提高，他们越来越要求经济上和政治上的民主权利，劳资矛盾进一步加剧。为了缓和劳资矛盾，维护资本主义社会的稳定，西方学者开始重视对人以及人与人之间关系的研究。

一、人际关系理论

人际关系学说的创始人是美国哈佛大学教授埃尔顿·梅奥（1880—1949）。他出生在澳大利亚，早年学医，后开始学习心理学，曾在昆士兰大学讲授伦理学、哲学、逻辑学，

1922 年执教于美国宾夕法尼亚大学金融商学院，1926 年应聘哈佛大学。他的著作主要有《工业文明的人类问题》（1933）、《工业文明的社会问题》（1945）。

从 1924 年起，梅奥负责指导美国西屋电气公司霍桑工厂的试验研究。他们通过车间照明变化对生产效率影响的各种试验、工作时间和其他条件变化（如休息间隔、工间茶点）对生产效率影响的各种试验以及与全厂工人的谈话和对有关社会组织的试验分析，提出了人际关系学说，其基本观点如下。

第一，人是"社会人"。

梅奥反对以往的管理理论中把人看作"经济人"的观点，认为人不单是追求金钱收入的，还有社会、心理方面的需要。人的思想行为更多地由感情来引导。因此，工资报酬、工作条件并不是影响劳动率的唯一因素，不能单纯从技术、物质条件着眼，而应从社会、心理方面来鼓励工人以提高生产率。

第二，正式组织中存在非正式组织，这两者相互依存，共同影响着劳动生产率。

正式组织是具有一定的目标，并由规章、制度、方针、政策等规定企业中各个成员之间相互关系和职责范围的一定的组织体系。非正式组织就是组织内部的成员在共同的工作过程中，由于共同的爱好、共同的倾向等共同的社会情感而形成的非正式团体。这些团体有自然形成的规范，其成员约定俗成地自觉服从。梅奥认为，非正式组织可以保护工人免受内部成员忽视和外部人员的干涉所造成的损失。非正式组织涉及每个人，不仅工人中有非正式组织，管理人员、技术人员中也有。管理人员既要强化正式组织，又不能忽视非正式组织的作用。

第三，新型的领导能力在于提高工人的满意度，从而提高劳动生产率。

梅奥从"社会人""非正式组织"的观点出发，认为金钱、经济刺激对提高劳动生产率只起第二位的作用，起重要作用的是工人的情绪和态度，即士气。而士气同人的满意度有关。职工的满意度主要是指对为获取安全的、归属的感觉等需求的满意度。满意度越高，士气越高，生产效率就越高。他认为，在传统管理理论基础上形成的领导能力只重视物质、技术因素，不能适应工人社会需求方面的满足。新型的领导能力既要重视技术因素，又要重视生产中的人的因素，关心团体中的人际关系状况，努力提高工人的满意度，最终达到提高生产率的目的。

梅奥的人际关系学说要求管理者按照人的社会特性来改进管理现状，这不仅是对古典管理理论的重要补充，同时也开辟了西方管理理论发展的一个新领域和新阶段。在实践上，人际关系学说为调动职工积极性提供了新思路和新方法，如重视职工的感情因素，努力为他们创造一种愉快的工作环境，采取民主的领导方式，使下级有建议、参与管理的机会等。

二、行为科学管理理论

行为科学是运用心理学、社会学、社会人类学等学科理论和自然科学的实验、观察方法，研究人的行为产生的原因和影响行为的因素，以激发人的积极性、创造性的综合性学科。

霍桑试验的成功和梅奥提出的人际关系学说引起了学术界、企业界的极大反响。1949年，在美国芝加哥大学一次跨学科会议上，与会者讨论了是否可能利用现有的科学知识，寻找出人的行为的规律的问题。讨论中，与会者充分肯定了人际关系理论的一系列研究成果，认为在此基础上有可能也有必要建立一门新的综合性学科，经过讨论，最后确定使用"行为科学"这一名称。20世纪50年代以后，行为科学真正发展起来，受到美国政府的大力支持。1952年，美国建立"行为科学高级研究中心"。1956年，美国出版第一期《行为科学》杂志。20世纪60年代以后又出现组织行为学的名称，重点研究企业组织中的人的行为问题。现在这门学科已经被广泛应用到各个部门，特别是经济管理部门。有人称行为科学标志着以物的管理为中心的时代向以人的管理为中心的时代的转移。行为科学理论也成为管理人员培训的必修课，一些著名大学还设有行为科学系和研究中心。行为科学的研究领域非常广泛，以下是一些有影响的人物及其理论观点。

（一）有关人的需要、动机和激励理论

梅奥等人的人际关系研究，强调人是"社会人"和满足人的社会需要。以后的行为科学家在这方面又有所发展。他们指出，人的各种行为都有一定的动机，而动机产生于人的需要。在组织管理中可以根据人的需要和动机来加以激励，使人们更好地完成任务，并在这一过程中达到自我实现的目的。这时行为科学的研究重点从"社会人"发展到"自我实现的人"。这方面研究的主要理论有以下几点。

1. 马斯洛的需要层次理论

亚伯拉罕·马斯洛（1908—1970），美国人本主义心理学家和行为科学家。他于1954年发表的《动机与人格》，提出了人的需要层次理论。

马斯洛认为，人是"需要的动物"，随时有某种需要，当人的某一需要得到满足时，这一需要就不再是人的激励因素，他便有了另一种需要。人的需要由低到高分为五个层次，分别是生理需要、安全需要、社会需要、自尊需要和自我实现的需要。

马斯洛提出，人所追求的最终目标是达到自我实现，而不是金钱、名誉、地位。他认为，不管一个人的地位、身份、职业如何，只要他全身心地把自己的智慧、才能和精力充分发挥出来就是达到了自我实现。当高级领导干部可以自我实现，当勤杂工也能自我实现；当主角、骨干可以自我实现，当配角、一般成员同样能自我实现。

2. 赫茨伯格的双因素理论

赫茨伯格是继马斯洛之后进一步研究激励动机的美国心理学家，代表作有《工作的激励因素》（1959）（合著）、《工作与人性》（1966）。

赫茨伯格通过对美国匹兹堡地区200多名工程师和会计人员的访问谈话发现，使职工感到满意的都是属于工作本身或工作内容方面的，可以称之为激励因素；而使职工感到不

满意的都是属于工作环境和工作关系方面的，可以称之为保健因素。保健因素不能对职工起到激励作用，但能预防职工的不满情绪。

赫茨伯格进一步归纳出激励因素包括六项，分别是工作上的成就、得到赏识、进步、工作本身、个人发展的可能性、责任。保健因素包括十项，分别是公司的政策和行政管理、技术监督系统、与监督者个人之间的关系、与上级之间的关系、与下属之间的关系、薪金、工作安全性、人的生活、工作环境以及地位。

3. 弗鲁姆的期望理论

弗鲁姆是美国著名心理学家、行为科学家。他于 1964 年出版《工作与激励》，提出了期望理论。他认为，激励力 = 目标价值 × 期望概率。也就是说，人在行动之前，首先要对自己的行为目标进行选择，对目标价值做出判断。只有当目标价值比较高时，人们才努力追求这个目标。其次，人们还要根据自己的条件考虑获得目标价值的可能性大小。只有当目标价值高，本人又有实现目标的把握时，人的积极性才是最高的。反之，某种目标价值对人们没有吸引力或没有实现目标的充分把握时，都不可能激发人们的积极性。

弗鲁姆的期望理论为管理者具体分析影响职工积极性的因素，从而有针对性地实施激励，有一定的指导作用和实用价值。

（二）人性理论

人性问题从来都是伦理学家争论的一个问题，也是管理学者研究的一个中心问题。不同的管理理论和方法背后都有不同的人性观。"科学管理理论"认为人是"经济人"，梅奥提出人是"社会人"，行为科学理论对此进行了更深入的研究。

1. 麦格雷戈的 X 理论，Y 理论和莫尔斯、洛希的"超 Y 理论"

麦格雷戈（1906—1964）是美国麻省理工学院教授，1957 年首先提出 X 理论和 Y 理论的人性假设，并在他的《企业的人性面》一书中予以表达。

麦格雷戈认为，每一位管理人员对职工的管理都基于一套人性的假定。他把传统管理对人的观点和管理方法叫 X 理论，其要点是：

（1）一般人的天性都是好逸恶劳，只要有可能就会设法逃避工作；

（2）人几乎没有什么进取心，不愿承担责任，而宁愿被别人领导；

（3）人天生就反对变革，把安全看得高于一切；

（4）要使人们真正想干活，就必须采取严格的控制、威胁和经常不断地施加压力。

麦格雷戈主张在管理指导思想上变 X 理论为 Y 理论，Y 理论是建立在人性和人的行为动机更为恰当的认识基础上的新理论，其要点是：

（1）人并非天生懒惰，厌恶工作，工作对人们来说，正如玩乐和休息一样是自然的。

（2）控制和威胁并不是促使人们为实现组织目标而努力的唯一办法，人们对自己所参与的目标能实现自我控制和自我指挥。

（3）人追求个人目标和欲望的满足同实现组织的目标并不矛盾，只要组织领导有方，个人会处理好个人与组织的关系。

（4）在适当条件下，人们不仅能接受安排的工作，而且能主动承担责任。

（5）不是少数人，而是多数人在解决组织问题时富有想象力和创造力，对组织目标持消极态度和抵触情绪是由于组织所给的压力所致。

（6）管理的基本任务是安排好组织工作方面的条件和作业的方法，使人们的潜能能够充分发挥出来，更好地为实现组织目标和个人具体目标而努力。

在麦格雷戈提出 X 理论和 Y 理论之后，美国的杰伊·洛希和约翰·莫尔斯选择了两家工厂和两家研究所进行对比试验，其中一家工厂和研究所按 X 理论实施严密的组织和督促管理，另一家工厂和研究所按 Y 理论实施宽松的组织和参与管理。结果发现，在研究所，实行 Y 理论管理的史托克顿研究所效率高于实行 X 理论管理的卡美研究所；而在工厂，实行 Y 理论管理的哈特福工厂效率低，实行 X 理论管理的亚克龙工厂效率高。据此，他们提出了超 Y 理论。他们的观点是：Y 理论并不到处都比 X 理论优越，企业的领导方式应以成员的素质而定。有的人希望有正规化的组织和规则条例来要求自己的工作，而不愿参与问题的决策去承担责任，这种人适合 X 理论指导管理工作。有的人却需要更多的自治责任和发挥个人创造性的机会，这种人则适合以 Y 理论为指导的管理方式。

2. 阿吉里斯的"不成熟—成熟"理论

美国哈佛大学教授阿吉里斯对人的个性与组织关系等问题进行了较多研究，提出了关于人的"个性与组织"的假说，叫作"不成熟—成熟"理论。

他认为，人的个性发展如同婴儿期到成年期的变化，即从被动到主动、从依赖性到独立性、从只能有少数几种行为方式到多种行为方式、从偶然淡漠的兴趣到浓厚强烈的兴趣、从只有"现在"的时间观念到有"过去""未来"的时间观念、从附属于他人到成年独立、从缺乏自我意识到自我控制意识。他指出，一个人在这个"不成熟—成熟"连续的发展过程中所处的位置就体现了他自我实现的程度。

他认为，大多数组织机构都将他们的成员看作处于不成熟阶段，管理阶层把一切都紧紧控制不放，这就不能满足成熟人的个性发展需要。个人则可能采取离开组织，或对组织采取攻击、退守或冷淡态度等防御措施。为此，他提出了协调个性与组织需要的办法，即扩大职工的工作范围；采用参与制、以职工为中心的领导方式；使职工有从事多种工作的经验；加重职工的责任；更多地依靠职工的自我指挥和自我控制，使个人和组织都能实现自己的目标。

（三）有关领导行为的理论

一个领导者怎样领导一个集体、以怎样的方式进行领导，行为学家对其进行了广泛的研究，提出了各种理论，主要有以下几点。

1. 坦南鲍姆和施密特的"领导方式连续统一体"理论

最初研究领导方式的人把领导方式划分为独裁方式、民主方式两类，而人们在现实生活中发现领导方式远远不止这两类。美国学者坦南鲍姆和施米特把各种领导行为看作"连续统一体"。左边的领导人是一个独裁的领导者，右边的领导人是一个民主的领导者，从独裁方式的一端开始向民主一端过渡，权力的影响力在逐渐减弱，而民主力量在不断增强。这样可以划分出七类领导方式。

（1）由领导者做出决策，不必同任何人商量，下级只有服从。

（2）领导者做出决策后，要对下级进行宣传解释，要求大家执行。

（3）领导者在决策前征求大家的意见，但是不按下级意见修改。

（4）征求意见后进行修改，再做决策。

（5）领导者只提出需要解决的问题是什么，要求大家出主意、想办法，在群众意见的基础上做出决策。

（6）领导者要求群众提出问题和解决问题的办法。

（7）领导者允许群众在自己负责的工作范围内，有权从实际情况出发解决问题。他们认为，对这七种领导方式，不能抽象地认为哪种好、哪种不好。成功的领导人不一定是专权的人，但也绝不是放任的人，而应该在具体情况下善于考虑各种因素，采取恰当的行为。当需要果断指挥时，善于指挥；当需要职工参与决策时，能提供这种条件，这样才能取得最好的效果。

2. 利克特的"以员工为导向"和"以生产为导向"的领导两维层面理论

伦西斯·利克特是美国心理学家、行为科学家，于1961年出版的《管理的新模式》和1967年出版的《人群组织：它的管理及价值》等著作中概括了他的研究成果。他指出，在所有的管理工作中，对人的领导是最重要的中心工作。决定企业生产率高低的决定因素是领导方式。生产效率高的企业采用的是以职工为中心的领导方式，即强调工作中的人际关系，关心人的需要和发展，重视人起到的作用。生产效率低的企业采用的是以工作为中心的领导方式，管理者只对技术方面感兴趣，对职工的监督过于严密，甚至动辄批评和处罚。

利克特认为，管理的领导方式有四种类型：专权的命令式——权力绝对集中，下级绝对服从；温和的命令式——实行授权制，但仍由高级领导集中控制和监督；协商式——实行分权管理、分级决策；参与式——职工参与企业目标的制定，下级参与上级的决策。他认为，第一种是传统的领导方式，第二种、第三种是权力主义管理方式，第四种是民主管理方式，也是最有效的管理方式。

总之，利克特认为，领导者在管理中以职工为中心则生产率高，反之则低；领导者同职工接触的时间较多则生产率高，反之则低；领导方式越民主、合理，参与式程度越高生产率越高，反之则低。

3. 布莱克和莫顿的管理方格理论

美国学者罗伯特·布莱克和简·莫顿于1964年在他们合著的《管理方格》一书中提出

了该理论。

方格纵轴表示对人的关心，横轴表示对生产或工作的关心。整个方格有 81 个方格，每小格代表对生产的关心和对人的关心这两个基本因素以不同的比例结合的领导方式。例如，1.1 是贫乏式管理，1.9 是俱乐部式管理，9.1 是任务式管理，9.9 是协作式管理，5.5 是中间式管理。他们提出，每一个领导者都应认清自己所处的环境和现有的领导方式，逐步把自己的领导方式向 9.9 型靠拢，从而提高管理效率。

行为科学理论的兴起，改变了对人的看法，重视人的因素。在资本主义管理思想发展史上，可以说是划时代的改变。它所倡导的在工作中维护了人的尊严，实行民主参与管理，使组织目标和个人目标相结合的管理方式，开辟了资本主义管理实践的新道路。西方有些管理学家把它看作一次"管理的革命"。

三、人际关系 – 行为科学管理理论对教育管理的影响

人际关系 - 行为科学管理理论对教育管理的影响主要反映在提倡学校管理的民主化，重视教职员在管理中的主体地位，增强教职员的自我激励、自我控制以及自我完善的能力。自 20 世纪 30 年代起，很多研究教育管理的学者提出要以梅奥的人际关系学说指导教育管理活动。例如，美国芝加哥大学教育系主任拉尔夫·泰勒撰文提出人际关系的研究与学校管理人员有关，今后教育管理必将受到梅奥等人在霍桑工厂试验的影响。到 20 世纪四五十年代，以人际关系学说为理论基础的民主管理方式在欧美学校相当流行，主要表现在以下几个方面。

第一，重视学校中非正式组织的作用，把非正式组织看作学校组织中不可缺少的一部分。

第二，从改善人际关系入手，提高教师的工作热情，特别注重满足教师的社会需要和心理需要。

第三，实施参与决策，把校长看作集体决策中的一员和学校工作的协调者、帮助者，反对校长个人专断。

第四，提倡教学过程中的民主教学和民主监督，在教学中发扬民主制度，给学生更多参与机会，让学生成为教学过程的主体，同时学校领导要充分相信教师，不过多干预教师的教学活动。

第三节　现代管理科学理论

西方的管理理论，在古典学派和行为学派出现以后，特别是在第二次世界大战以后，又出现了许多学派。这些学派在历史渊源和论述内容上互相联系、互相影响。美国管理学

家哈罗德·孔茨曾把这种情况形象地叫作"管理理论的丛林"，认为它是"走向统一的管理理论"的必经过程。至于这些学派的划分，在西方管理学界也是众说纷纭，各执一词。这里介绍一些主要学派及其观点。

一、管理理论的丛林

（一）社会系统管理理论

社会系统管理理论的创始人是美国著名的管理学家和企业家切斯特·欧文·巴纳德（1886—1961）。他的代表作是 1938 年出版的《经理人员的职能》一书。在这本著作中，他把各类组织都作为协作的社会系统来研究，提出了一系列不同于传统组织理论的观点。他是继梅奥之后对于社会系统研究做出突出贡献的又一位代表人物，他的观点为现代组织理论奠定了坚实基础。巴纳德的管理思想对西方管理理论进入现代管理理论阶段起着继往开来、承上启下的作用。美国当代著名管理学家哈罗德·孔茨把由他开创的管理理论体系称作社会系统学派。他的主要论点简要介绍如下。

第一，组织是一个社会协作系统，是"两个或两个以上的人，有意识协调的活动和效力的系统"。

他认为这个定义适用于各种类型的组织。组织的差异在于物质和社会的环境、成员的数量和种类、成员向组织提供的贡献等。组织由人组成，而这些人的活动互相协调，因而成为一个系统。一个系统要作为一个整体来对待。系统有各种级别，一个组织内部的各个部门或子系统是低级系统，由许多系统组成的整个社会是一个高级系统。

第二，协作系统包含的三个要素，分别是协助意愿、共同目标、信息联系。

"协助意愿"指的是组织中的每个人为了结合在一起而做到自我克制，将个人的行为纳入组织整体的行动体系。这种协助意愿的大小跟个人为组织作出的牺牲与组织为个人提供的报酬之间有着密切的关系。

"共同目标"指的是组织中的人们是在共同目标基础上才进行协作的，个人的目标应当与组织的目标统一起来。

"信息联系"指的是组织成员只有相互沟通，才能对组织的共同目标有所理解，也才能产生协作的意愿和行为。组织必须有高效率的信息联系渠道和称职的信息联系人员，以保证信息沟通的效能。

第三，在组织中经理是关键人物，他的主要任务是协调组织和员工之间的关系。

经理既要实现组织的目标，又要满足员工的感情、欲望和各种需要，实现态度、动机和价值观的变化。经理要充分发挥每个员工的才能去实现组织的目标，就必须帮助他们克服物质的、生理的、心理的和行为习惯的障碍。

第四，经理的权力只有被职工接受的时候才是有效的，因此必须加强彼此间的沟通。要使职工相信经理提出的要求是全面的、合理的。经理提出的要求既符合组织发展的需要，又满足个人的利益，也是自己有可能完成的。

第五，职工是组织的成员，他们要积极地参加组织的活动，并为组织做出贡献；组织要按照他们对组织贡献的大小给予不同的奖励，这种奖励要等于甚至要大于他们对组织的贡献。

第六，非正式组织是不受正式组织管辖的个人联系和相互作用以及有关的人们的总和。非正式组织可能对正式组织有某些不利影响，但它对正式组织至少有以下三种积极影响。

（1）就一些易于引起争论、不便在正式渠道提出的，难以确定的事情、意见、建议、怀疑在成员间交换意见。

（2）通过对协作意愿的调节，维持正式组织内部的团结。

（3）维持个人品格自尊心，并抵制正式组织的不利影响以维持个人的感情。

巴纳德指出，当个人和正式组织之间发生冲突时，这些因素对维持一个组织的机能起着重要的作用。所以，非正式组织是正式组织不可缺少的一部分，其活动使正式组织更有效率并促进其效力。

巴纳德以前的组织理论把组织看成人的结构与物的结构的联合体，并把这样的联合体视为与外界隔离的封闭组织。巴纳德认为，物的结构只是组织的物理环境，人才是组织本身的构成因素，并且每个人同时也是其他组织的成员，把组织看成开放的这一观点从根本上突破了"封闭式组织"的局限性。

（二）决策理论

决策理论学派是当代西方管理理论的一个重要学派，产生于 20 世纪 50 年代。这个学派的主要代表人物是美国卡内基梅隆大学教授赫伯特·西蒙（Herbert A.Simon）。他由于在决策理论的研究上做出了贡献，曾获得 1978 年的诺贝尔经济学奖。他的代表作是《管理行为》（1947）和《管理决策新科学》（1960）。

决策理论学派将第二次世界大战以后发展起来的系统理论、运筹学、计算机科学综合应用于管理决策问题，形成了一门有关决策过程、准则、类型及方法的较完整的理论体系。决策理论的主要论点如下。

1. 管理就是决策

这是西蒙等人的著名论断。西蒙认为，一个组织的任何一个成员的第一个行为就是对参加或不参加这个组织做出选择。他选择的依据是对组织做的贡献与从组织中得到的诱因进行比较，诱因大于贡献他就参加，否则就不参加，因而第一个行为就是决策。组织成员做出参加组织的决策之后，还要进一步做出其他种种决策。组织成员的工作和成就是不断决策的过程。组织中的人都是决策人。组织就是一个人群行为的复杂的决策网状结构系统。组织的决策过程是为实现组织目标而采取何种行为的一种选择过程。组织就是一个由个人决策和组织决策两个层次构成的复杂的决策网状结构。决策是组织管理活动的中心过程，并且贯穿于整个管理过程的始终和各个方面，无论计划、组织还是控制都离不开决策。

西蒙的决策人和"管理就是决策"的思想是比较深刻的。在管理理论的人的问题上，西蒙的决策人的观点在一定程度上触及了人的主体性属性。在对管理的理解上，他提出了管理的一个新的内涵：在古典理论和行为科学中，管理主要在管理职能和激励的含义上被理解和看待，而"管理就是决策"的产生在一个新的层次上揭示了管理的本质属性。

2. 决策的过程

决策的过程包括查明决策的理由、研究行动的可行性方案和在各种行动方案中进行选择三个阶段。为此，决策应该做相应的三项工作：情报工作、设计工作和选择工作。

西蒙强调，一个组织的经理在前两个阶段上花的时间更多，只有前两个阶段的工作做好了，才能在第三个阶段做出正确的决策。

3. 决策的准则是相对优化原则

西蒙认为，人们通常说的最优化的决策，只是决策的理想状态。实际上，最终"完全合理"的、"最优化"的决策是不可能的，他提出决策的准则应当是"符合要求"和"足够好"。

4. 组织中的决策包括程序化决策和非程序化决策

这两类决策承担的管理阶层是不同的，基层机构管理人员通常使用的是程序化决策，在中层两种决策都要应用，而高层机构管理人员主要处理的是非程序化决策。因此，人们应当根据一个问题的性质、发生的频率和确定性程度来确定何种决策以及应当由哪一个管理阶层来做出。

（三）经验主义理论

经验主义学派也称"案例"学派。这一学派认为，管理学就是要研究管理经验，也就是说，要通过对大量企业的管理经验的总结、比较，形成理论化的知识体系，然后传授给管理人员。由于这一学派一般都强调从企业管理的实际经验出发，而不是从一般原则出发来研究管理，所以被称为经验主义学派。

这一学派主要代表人物有彼得·德鲁克（大企业的顾问、大学教授）、欧内斯特·威尔（大公司董事、大企业顾问）、威廉·纽曼（大学教授）等。其中最为著名的是当代著名的经验主义管理学家彼得·德鲁克。德鲁克的著作颇丰，如《管理的实践》（1954）、《卓有成效的管理者》（1966）、《管理：任务、责任、实践》（1973）、《动荡时代的管理》（1980）、《创新与企业家精神》（1985），等等。其中，《管理：任务、责任、实践》是他最主要的代表作。该著作全面地阐述了他的管理哲学和对管理的任务、责任和实践等方面的看法，被誉为经营管理的经典著作和百科全书。

德鲁克对管理的许多见解和他同时代人相比有许多新颖独到之处，并且由于他的观点和看法更贴近管理实际，因此他在美国、西欧和日本都得到管理理论界和企业界的很高评价。德鲁克对于管理的主要观点有以下几点。

1. 管理的任务

德鲁克认为，社会是由多种机构构成的，管理是机构的器官。为了机构能执行其职能并做出贡献，管理必须完成三项同等重要而又极不相同的任务，即完成本机构的特殊目的和使命、使工作富有活力并使职工有成就、对社会的影响和对社会的责任。

德鲁克提出，企业的目的是创造顾客，而不是利润。因为企业是社会的一个机构，社会赋予其一定的功能和使命，它必须为社会服务，具体来讲就是为用户服务。这是由企业在社会中的地位决定的。企业的目标是通过两个基本职能来实现的，即推销和创新。推销是为了满足顾客需要，而创新是为了创造顾客需要。

德鲁克认为，工商企业的真正资源是人。企业是通过使人力资源更有生产性来执行其工作，通过有生产性的工作来取得成绩。简单地讲，凡是能直接有助于机构成长的工作都是有生产性的工作。这就是说，机构的管理层应该根据组织本身的需要创设新的工作，并经常使原有的工作增加新的内容。要使工作人员有成就感，就必须了解到人具有特殊的生理心理特质和不同的行为方式。因此，对人才进行管理，绝不能忽视人们心理上的因素，要从各个不同的角度设法满足职工对责任、参与、激励、报酬、地位等方面的要求。企业中的职工，不论是操作机器的工人还是执行副总经理，都必须通过有生产性的工作和有成就的职务来获得内心的满足。

德鲁克指出，所有各种机构的管理者都要对他们的副产品负责，即他们的合法活动对人和物质环境及社会环境的影响负责。企业对社会的主要责任就是它应该对社会产生积极的影响，同时把社会问题转化为企业的机会。工商企业的存在，不是为了自身，不是为了工人和管理层有就业的机会，也不是为了分得红利，而是为了给顾客提供商品和劳务。企业为了承担它对社会的责任，提供商品和劳务，就必须对社会有所积极影响。一方面为所在社区提供就业机会和税收来源；另一方面生产出废品、废水、废气等污染物，严重污染环境。在当今这个多机构的社会中，企业必须日益关心它所提供的商品和服务的数量与质量，关心人们的生活和社会的环境。

2. 管理人员的职责

德鲁克认为，管理人员有两项别人无法替代的职责：一是必须形成一个"生产的统一体"，即创造管理的综合效益。为此，管理人员就要克服企业中所有的弱点，并使各种资源特别是人力资源得到充分发挥。二是他在做出每项决策和采取每个行动时，都要把当前利益和长远利益协调起来。每个管理人员都有一系列共同的必须执行的职能。这些职能是制定目标、进行组织工作、激励和联系工作、进行衡量工作，使职工得到成长与发展。

3. 管理的技能与目标管理

管理是特殊的工作，因此要求具有一些特殊技能，其中包括做出有效的决策、有效地进行信息联系、正确运用控制和衡量、正确运用分析工具及管理科学。目标管理是使管理人员和职工在工作中实行自我控制并达到工作目标的一种管理技能和管理制度。它是由德鲁克首先创立的。德鲁克认为，古典管理学派偏重于以工作为中心，忽视人的一面；行为科学又偏重于以人为中心，忽视同工作相结合。目标管理则综合了以工作为中心和以人为中心这两个方面，使职工发现工作的兴趣和价值，从工作中满足其自我实现的需要，同时也可以实现企业的目标。

4. 管理的组织

德鲁克提出，组织结构不是自发形成的，组织的设计和结构需要思考、分析和系统的研究。他提出，一个规范的组织结构应满足如下要求：明确性、经济性、远景方向、理解本身任务和整体任务、有利于信息交流和加速决策、稳定性和适应性、永久性和自我更新。

5. 高层管理

高层管理是对整个企业进行指挥、确定视野、制定标准的结构。德鲁克认为，高层管理的任务主要是明确机构的使命、建立有效的组织结构、建立文化、发展公共关系、参加礼仪性的活动、处理紧急文件和重大危机等。可见，高层管理的任务具有多项性、再现性、非连续性等特点。高层管理的工作应由一个班子而不是一个人来负责。高层管理者应当具备各种不同的能力，特别是各种不同的气质。要发挥高层管理层次结构的作用，就必须满足一些条件。比如，任何班子成员只对高层管理层负责的事做决定、班子成员之间不要相互干扰、班子成员必须以高层管理权威来处理问题、重大决策必须经班子讨论后再做出决定、班子成员之间要经常进行必要的信息交流。

二、建立统一的管理理论的探索

西方管理理论丛林时代，各管理学派都力图利用现代科学的成果探索管理合理化的各种原理、方法和手段。由于他们的研究方向和角度不同，因此管理理论研究在一个多侧面广阔的领域里展开，并且对每一方面的研究也都比较深入。对这种现象，在美国有两种不同的评价：一种是以孔茨和奥唐奈为代表的悲观的评价，认为这种现象是管理理论的混乱；另一种是以西蒙为代表的乐观的评价，认为在管理研究中必须有各种方法，如管理人员职能法、系统法、决策法、行为科学法和数学法，这些绝不是学派，而只是研究方法上的分工，即根据问题的性质所采取的不同方法。西蒙认为，管理理论正是在这种研究分工和方法分工的进展中发展的。其实，现代管理理论"丛林"式发展在本质上反映了管理实践的多层面性和多侧面性，适应了社会化大生产的需要，对维持和推动发达工业国家经济发展起了一定作用。但是，管理理论只有分散没有统一，也不是发展方向。实际上，各学派虽然各自独立，但它们相互之间的关系却十分密切，有些甚至难以分开。在建立统一的管理理论的探索中，出现了有代表性的两种新的理论：系统管理理论和权变管理理论。他们或是用系统理论及其研究方法将各派管理学说兼容并蓄、融为一体，寻求统一适用的模式和原则；或者注重灵活运用各派学说，强调随内外环境的不同而随机应变，采取权变的管理手段。

（一）系统管理理论

系统管理理论的代表人物有理查德·约翰逊、弗里蒙特·卡斯特、詹姆斯·罗森茨韦克等。1963 年，他们三人共同撰写了《系统理论与管理》一书，比较全面地阐述了系统管理理论。

系统管理理论和社会系统理论有密切的联系，但侧重点不同。巴纳德的社会系统理论主要关心的是以人为构成要素的组织系统，研究组织中人与人的协助、交流等关系。系统管理理论则把人力、财力、物力、信息乃至整个自然界看作一个相互联系的整体，把管理活动涉及的一切因素都纳入一个系统中进行研究分析。任何一个特定的系统都存在于一定的环境及以外的高层系统之中，而且有明确的边际规定性。任何一个系统都有一个整体目标和局部目标的关系，有一个它与外部系统、内部子系统的关系问题。"系统分析"就是分析系统内、外部的各种关系，并从全局出发制定决策，进行统筹管理。系统管理理论强调管理系统的开放性以及同外部环境进行物质、能量、信息交换的必要性和重要性，认为这是使系统进入有序、稳定状态的充分必要条件。

（二）权变管理理论

权变管理理论是 20 世纪 60 年代末 70 年代初在美国形成的一种管理理论。这种理论认为，在管理中，管理思想和管理方式要根据环境和内外条件的变化而随机应变，不存在一成不变的、普遍适用的"最好的"管理理论和方法。权变管理就是要依据环境自变数和管理思想、管理技术因变数之间的函数关系确定的一种有效的管理方式。这种函数关系可以理解为"如果—就要"的关系，即"如果"某种情境存在或发生，"就要"采用某种管理思想和管理方法，以便更好地实现组织的目标。

权变管理理论强调针对不同的具体条件，采用相应的管理方式，符合具体情况具体分析的科学态度。其实，离开组织的内部、外部条件，主观地决定管理方式肯定是不科学的。但是，权变管理理论本身也存在明显不足，如其考虑各种具体条件和情况，而没有用科学研究的一般方法的发展概况；只强调其特殊性，否认普遍性；只强调个性，否认共性。

三、组织文化理论

一般管理理论经历了科学管理、人际关系—行为科学、管理理论丛林三大发展阶段，其间的管理学派数不胜数．实际上只是沿着两条线索在发展：第一条线索是侧重组织和技术方法的作用，以工作（或生产）为中心，强调组织机构和规章制度，重视运用各种技术手段和科学工具来达到组织的目标；第二条线索是重视人的行为和人际关系，以人为中心，重视人的心理因素的作用，强调满足员工的需求和愿望，以调动员工的积极性来达到组织的目标。这两种倾向各有其合理性，也有其片面性。如何解决这一问题，把人与物、理性与非理性、个人与组织统一起来加以综合考虑呢？组织文化理论则更好地解决了这一问题。

（一）组织文化理论的形成

关于组织的文化问题，古典管理理论学者、行为科学学者都曾程度不同地触及，如社会系统学派主要代表人物巴纳德就曾指出：总经理的主要任务就是形成共同价值和担任管理。1957 年，美国学者赛尔兹尼克在《领导与行政管理》一书中提出："机构的领导人，主要是促进和保护价值的专家。"1970年，美国波士顿大学组织行为学教授戴维斯在《比较管理——组织文化展望》一书中正式提出组织文化的概念。1971年，经验主义学派的代表人物德鲁克在《管理学》一书中把管理与文化明确联系起来，他说："管理是一种社会职能，隐藏在价值、习俗、信念的传统里，以及政府的政治制度中。管理是受文化所制约的不是'无价值观'的科学。"1981年，美国斯坦福大学商学院教授理查德·帕斯卡尔和哈佛大学教授安东尼·阿索斯出版《日本的管理艺术》一书，书中以战略、结构、制度、人员、技能、作风和最高目标这七个因素为基础，结合日本和美国一些一流企业例子，提出了管理中"硬"因素和"软"因素的区别，把战略、结构、制度称为硬因素，把人员、技能、作风和最高目标称为"软"因素，并强调"软"因素的作用，还特别提出价值观、信仰是管理的哲学基础。同年，日裔美国学者威廉·大内出版《Z理论》一书。该书分析了企业管理与文化的关系，明确提出了公司文化的构成与作用，认为公司的控制机制是"被一种哲学所包容"，这种哲学就是"组织文化"，它包括价值观、传统和风气，并用一套符号、礼仪及神话将组织的价值观和信念传达给职工。1982年，美国学者托马斯·彼得斯和小罗伯特·沃特曼花两年多时间，深入调查了大量企业后提出，成功公司的主要特征是文化的驾驭力和凝聚力，并出版了《寻求优势——美国最成功公司的经验》一书。同年，迪尔和肯尼迪出版了《公司文化》一书，对公司文化提出了比较系统的理论。

此后，组织文化理论由美国传到日本、东南亚和西欧，不仅在理论认识上，而且在管理实践中，都产生了深刻的影响。1982年，哈佛大学首先开设了"公司文化"课。美国一些咨询公司也纷纷转向为客户分析如何发展公司文化以及使公司文化与战略协调一致。许多企业界的管理者都把建设和培植企业文化作为重要的管理任务组织实施。

（二）组织文化的概念

1982年，美国最先出版《公司文化》专著的作者迪尔和肯尼迪认为，价值标准是公司文化的基础，是一个公司走向成功的哲学精华，它为全体职工提供共同方向的概念以及他们日常生活的准则。日本学者加护野忠男和野中郁次郎认为，所谓企业文化（组织文化），就是给组织成员以共同认识和共同行为方式的组织的价值观，或者说是使价值观和规范制度等成为正当合理的知识体系。可见，西方所谓的"企业文化"，主要是指企业的指导思想、经营哲学、管理风貌以及其行为方式。它包括价值观念、经营哲学、管理思想、文化教育、行为准则、道德规范、文化传统、风俗习惯、典礼仪式及企业形象等，是一种以价值观为核心的对全体职工进行一定企业意识教育的微观文化体系。

（三）组织文化的要素、特点及功能

迪尔和肯尼迪认为组织文化的要素主要有以下五个。

1. 环境

环境是形成和塑造企业文化的重要条件，其内容包括企业的社会、政治、法律、文化、技术等各种因素。

2. 价值观

价值观是企业为经营成功而对企业与外部环境及企业内部人与人关系所持的根本观点和看法。其内容包括企业员工在经营观念、行为取向等方面形成的共同信念、准则等。价值观是企业文化的核心和灵魂。

3. 典范人物

典范人物是企业价值观人格化的表现。它通过树立英雄形象，为员工提供学习的具体典范，把企业的价值观内化为员工的行为规范。

4. 仪式和典礼

仪式和典礼是企业宣传自身价值观念的方式，是企业价值观变为全体员工的认同和共识的增强剂，形式上是公司有系统、有计划、有秩序地例行日常事务的方式。

5. 文化网络

文化网络是指公司与基层、基层与基层以及员工之间的沟通方式，它是传递公司价值观念的渠道。这种文化网络通常表现为"文化沙龙""讲故事的人""传教士""饶舌者"等方式。

组织文化的特点简要介绍如下。

（1）它集中体现了企业对自己社会责任的认识及企业员工对人生和工作意义的了解。它是企业在长期经营管理中形成的以全体员工的价值认同和共识为基础的一种独特的管理方式和方法。

（2）企业文化的核心是企业价值观念，是企业的灵魂。

（3）企业文化是企业管理中的"软性"因素，它同传统的规章制度、财务分析、企业战略规划等硬性因素不同，它讲求人的内心的自觉意识，反对只是单纯的外在控制，以全体员工认同的价值观念，以及在其基础上建立的崇高目标，作为规范企业内部员工一切行为的最终准则。

（4）企业文化强调的是整体力量，不同于行为科学研究个体的人。其作用在于提高企业的凝聚力，建立和形成良好的人际关系，发挥整体优势。

公司文化（组织文化）作为一种管理方式和手段，其主要功能在于增强企业的凝聚力、向心力，激励全体员工同心协力，实现企业目标。迪尔和肯尼迪指出，企业管理的中心是人，而管理人的方法和管理物的方法是不同的，必须通过文化的影响和非正式的规则，使人们对自己所做的工作感到满意，并愿意努力工作。具体来说，组织文化的作用主要有以下五点。

第一，通过共同的价值观，起到统一员工思想的作用，从而增强企业的内驱力和向心力，加强员工的自我控制能力。

第二，激励员工奋发进取，提高士气，重视职业道德，形成创业动力。

第三，为企业实现战略意图和进行创新改革提供思想基础，提高企业对环境的适应能力。

第四，有利于改善和优化人际关系，使企业员工产生更大的协同力，从而发挥企业的整体优势。

第五，有利于树立良好的企业形象，提高企业声誉，扩大企业的知名度和社会影响。

组织文化理论在强调文化因素、重视以人为本的同时，把经济与心理、制度与情感、组织与个人在整体思想上结合起来，找到了全新的平衡机制和方法，反映了管理理论发展的两条线索，走向综合与统一的大趋势。

四、学习型组织管理理论

21世纪是知识经济时代，世界政治、经济、文化各领域都发生了许多重大变化，尤其信息沟通技术的巨大发展，以电子技术为基础的新技术革命在广度和深度上不断推动科技进步和社会经济生活的变化，日新月异的信息网络技术的发展大大推进了全球经济一体化的进程，资金、技术、设备都在全球范围内以前所未有的速度流动和转让，市场的国际化造成了竞争的国际化。在这种背景下，企业要生存和发展首先取决于它的应变能力，取决于它是不是跟得上这种外界大环境变化的规模和速度。然而，传统的管理模式是以泰罗的科学管理为基础的，它强调按照职能分工、条块分割的管理方式形成"金字塔"形的管理组织机构，是以等级为基础、以权利为特征、对上级负责的垂直型的纵向线性系统。这种"金字塔"式的管理显然无法适应面对外来信息变化做出快速反应的需要。20世纪90年代初，一些著名跨国公司连年亏损的原因之一，就是企业管理仍然沿袭着"金字塔"式的传统管理模式。有资料显示，自20世纪70年代以来，在世界范围内，企业的平均寿命在缩短。在美国，平均有62%的公司存活不到5年，寿命超过20年的公司数只占公司总数的10%。只有2%的公司能存活50年，美国的高新技术企业只有10%能活过5年。1970年名列美国《幸福》杂志前500名的大企业，有三分之一到1983年时已经消失了。许多知名的大企业在辉煌过后纷纷退出历史舞台，其中的一个重要原因就是传统组织和管理观念不能适应新时代的要求。如何使21世纪的管理更好地适应这种变化趋势呢？国际上许多企业家、经济学家和管理学家进行了许多新的探索。学习型组织管理理论就是在这样的背景下产生的。

学习型组织（Learning Organization）管理理论是由美国麻省理工学院教授、著名管理学家彼得·圣吉提出的。20世纪80年代初，圣吉依靠一群有崇高理想的企业家，花了近十年时间构思出学习型组织的蓝图。1990年，圣吉出版了《第五项修炼——学习型组织的艺术与实务》一书，全面阐述了学习型组织管理理论。圣吉在系统、细致地分析了学习型组织的内部结构和运作规律以后认为，学习型组织是21世纪全球企业组织和管理方式的新趋势。该书荣获了1992年世界企业学会最高荣誉——开拓者奖，美国《商业周刊》把圣吉推崇为当代最杰出的新管理大师之一。西方众多企业实践表明，这种管理理论能使企业组织在现代创新、竞争和快速发展的经济社会中，有着更强的生命力，是许多大、中、小型企业管理者所追求和向往的企业管理模式。

1997年7月15日至18日，世界管理协会联盟和中国国民经济管理学会在上海召开了世界管理大会。会上，管理专家提出了未来世界管理变革的十大趋势。

（1）创新——为适应科技、经营环境的急剧变化，不断进行战略创新、制度创新、组织创新、观念创新和市场创新，把创新渗透于整个管理过程之中，这将成为未来管理的主流。

（2）知识——最重要的资源。

人类已进入信息社会，信息社会是智能化、知识化的社会，是知识量、信息量急剧增长的社会，是知识经济时代，知识生产力已成为社会经济发展的关键因素。

（3）学习型组织——未来成功企业的模式。

（4）快速的应变能力——时代的新要求。

（5）权力结构转换——变正"金字塔"为倒"金字塔"。这不只是结构层次的转置，而且管理层会大大减少，将大大提高组织效率。

（6）弹性系统——跨功能、跨企业的团队。

（7）全球战略——下一世纪企业决战成败的关键。

（8）跨文化管理——管理文化的升华。

在保持本土优秀文化基础上兼收并蓄，建立既有自己特色又充分吸纳人类先进文化成果的管理模式。

（9）"四满意"目标——企业永恒的追求，即顾客满意、员工满意、投资者满意和社会满意。

（10）"没有管理的管理"——管理的最高境界。

在全员管理的境界中，人人既是管理者，又是决策者和执行者。这将大大激发员工的主动精神，并使之与企业融为一体。

这十大变化趋势都与学习型组织的管理理念有关，也从多个侧面反映了学习型组织的特征。国内外许多学者预言，未来最成功的公司，将是那些基于学习型组织的公司。下面对学习型组织理论的主要观点进行简要介绍。

（一）学习型组织的含义

学习型组织最初的构想来源于圣吉的教师佛瑞思特。他在1965年《企业的新设计》一文中具体构思了未来企业的一些基本特征，即组织结构扁平化、组织信息化、组织更具开放性、员工与管理者的关系逐渐由从属关系转向工作伙伴关系、组织不断学习、不断调整组织内部的结构关系等。

致力于介绍和推广学习型组织理论的杨硕英教授认为："圣吉所希望建立的学习型组织，是一种不同凡响，更适合人性的组织模式，由伟大的学习团队形成社群，有着崇高而正确的核心价值、信念与使命，具有强劲的生命力和实现梦想的共同力量，不断创造，持续蜕变。在其中，人们胸怀大志，心手相连，相互反省求真，脚踏实地，勇于挑战极限及过去的成功模式，不被眼前的近利所诱，同时以令员工振奋的远大共同愿望，以及与整体动态搭配的政策与行动，充分发挥生命的潜能，创造超乎寻常的成果，从而在真正的学习中领悟工作的意义，追求心灵的成长与自我实现，并与周围的世界产生一体感。"

我国学者提出，所谓学习型组织，是指通过营造弥漫于整个组织的学习气氛，充分发挥员工的创造性思维能力而建立起来的一种有机的、高度柔性的、扁平化的、符合人性的、能持续发展的组织。这种组织具有持续学习的能力，具有高于个人绩效总和的综合绩效。

我国较早研究并在国内广泛讲授、积极推行学习型组织管理理论的著名学者张声雄教授认为：所谓学习型企业，是以共同愿景为基础、以团队学习为特征、对顾客负责的扁平化的横向网络系统。它强调学习和激励，不但使人勤奋工作，而且尤为注意使人"更聪明地工作"；它以增强企业的学习为核心，提高群体智商，使员工自我超越、不断创新，达到企业财富速增、服务超值的目标。学习型组织管理理论强调企业的领导者主要是当好三个角色：一是优良系统的设计师；二是共同愿景的仆人；三是好教师。强调企业员工要依靠团队学习和共同愿景自我引导，使整个企业成为充满学习和创造力的系统，这样才能不断自我超越、不断向极限挑战，从而不断创造新的成就。

我国学者提出了构成学习型组织的六大要素：

（1）拥有终身学习的理念和机制；

（2）拥有多元回馈和开放的学习系统；

（3）形成学习共享与互动的组织氛围；

（4）具有实现共同愿景的不断增长的学习力；

（5）工作学习化使成员活出生命意义；

（6）学习工作化使组织不断创新发展。

（二）学习型组织的特征

1. 组织成员拥有一个共同的愿景

组织的共同愿景来源于员工个人的愿景而又高于个人愿景。它是组织中所有员工共同期望的景象，是他们的共同理想。它能使不同个性的人聚集在一起，朝着组织共同的目标去努力。

2. 组织由多个创造性团体组成

在学习型组织中，团体是最基本的学习单位，团体本身应该理解为彼此需要他人配合的一群人。组织中所有的目标都是直接或间接地通过团体努力来达到的。

3. 善于不断学习

这是学习型组织的本质特征，主要有四种含义：一是强调终身学习。即组织中的成员均能养成终身学习的习惯，才能营造出良好的学习气氛，促使其成员在工作情境中不断地学习。二是强调全员学习。即企业组织的决策层、管理层、操作层都要全身心投入学习。

尤其经营管理决策者，他们是决定企业发展方向和命运的重要阶层，因而更需要学习。三是强调全过程学习，即学习必须贯穿于组织系统运行的整个过程。四是强调团体学习。即不但重视个人学习和个人智力的开发，更重视组织成员的合作学习和群体智力的开发。

4. "地方为主"的扁平式结构

传统的企业组织是金字塔形的，机构重叠，效率不高，容易产生官僚主义，决策层和操作层不能直接互通信息，不能互相学习，不利于建立"整体互动思考模式"，不能使企业协调地高效运转。而学习型组织内部结构是扁平的，从最上面的决策层到最下面的操作层，中间层次极少。这种组织结构有利于上下沟通，在组织内部形成互相理解、互相学习、整体互动思考、协调合作的群体，从而产生巨大、持久的创造力。

目前，发达国家的一些大企业，随着内部交换网络的建立，已将中间层取消，建立了决策层、管理层、操作层在同一平面上工作的"平面化"管理模式。

学习型组织改变了企业组织的组织结构，它尽最大可能将决策权下放到离最高管理层或公司总部最远的地方，即决策权往组织机构下层移动，让最下层单位拥有充分的自决权，并对产生的结果负责，从而形成以"地方为主"的扁平化组织结构。

5. 自主管理

学习型组织理论认为，"自主管理"是使组织成员边工作边学习，并使工作和学习紧密结合的方法。通过自主管理，可由组织成员自己发现工作中的问题，自己选择伙伴组成团队，自己选定改革进取的目标，自己进行现状调查，自己分析原因，自己制定对策，自己组织实施，自己检查项目，自己评定总结。团队成员在"自主管理"的过程中，能形成共同愿景，能以开放求实的心态互相沟通。不断学习新知识，不断进行创新，从而增加组织应变、创造未来的能力。

6. 组织的边界将被重新界定

学习型组织的边界的界定，建立在组织要素与外部环境要素互动关系的基础上，将超越根据职能或部门划分的"法定"边界。例如，把销售商的反馈信息作为市场营销决策的固定组成部分，而不像以前那样只作为参考。

7. 员工家庭与事业的平衡

学习型组织将努力使员工丰富的家庭生活与充实的工作生活两者相得益彰。学习型组织将对员工承诺支持每位员工能够充分地自我发展，而员工也应以承诺对组织的发展尽心尽力作为回报。这样，个人与组织的界限将变得模糊，工作与家庭之间的界限也将逐渐消失，两者之间的冲突也必将逐渐减少，从而提高员工家庭生活的质量，达到家庭与事业之间的和谐平衡。

8. 领导者的新角色

在学习型组织中，领导者是设计师、仆人和教师。领导者设计工作是对一个组织要素进行整合的过程，它不只是设计组织的结构和组织政策、策略，更重要的是设计组织发展的基本概念；领导者的仆人角色表现在他对实现愿景的使命感，并自觉地接受愿景的召唤；领导者作为教师角色的首要任务是界定真实情况，协助人们对真实情况进行正确、深刻的把握，提高人们对组织系统的了解能力，促进每一个人的学习。

（三）学习型组织的五项修炼

如何使组织不断发展变成学习型组织呢？圣吉在他的《第五项修炼——学习型组织的艺术与实务》一书中，对如何创建学习型组织提出了五项修炼。

1. 自我超越

自我超越是指突破个人能力极限的自我实现，是个人成长的学习修炼。这是学习型组织的精神基础。圣吉指出："精通自我超越的人，能够不断实现他们内心深处最想实现的愿望，他们对生命的态度就如同艺术家对艺术作品一样，全身心投入，不断创造和超越，这是一种真正的终身学习。"只有组织中每一个层次的人都追求自我超越，努力发展本身，才能真正建立起学习型组织。

建立个人愿景是自我超越的前提。所谓个人愿景就是个人发自内心的追求及其终极目标。它是个人工作和生活的精神层面，它可以为自我超越设立目标。组织的共同愿景正是以个人的愿景为基础的，当组织成为组织成员自我的工具时，他们才可能将共同愿景视为个人愿景的体现，并为建立共同愿景而贡献自己的智慧与才能。

2. 改善心智模式

所谓"心智模式"是根深蒂固存在于人们心中，影响人们如何认识周围世界，以及如何采取行动的许多假设和想象。它不仅影响人们如何认识世界，更重要的是它还影响人们的行为。对个人和组织来说，心智模式都是客观存在的。而通常人们又不容易察觉到自己的心智模式以及心智模式对行为的影响。

在管理团体的许多决策模式中，决定什么可以做、什么不可以做，常受到心智模式的影响。而组织中许多好的构想无法付诸实施，也常常是因为它和人们对于周围世界如何运作的看法和行为相抵触。因此，学习如何将心中的心智模式摊开，并加以检验和改善，有助于改变人们心目中对于周围世界如何运作已有的看法，这对于建立学习型组织是一个重大的突破。

引导员工摊出个人心智模式并加以检视，是建立学习型组织的重要一环。因为个人的心智模式隐藏在意识层面下，要不时地对其加以检验，并随时完善它们。"皇帝的新装"就是个典型的例子，它正说明了臣民的心智模式：高贵的皇帝一定穿着一套漂亮新衣，不可能会赤裸裸地站在他们面前。

改善组织的心智模式，最关键的是检视领导者的心智模式。同时，在组织内部发展面对面的学习也很重要，通过团队学习，员工之间可以充分表达自己的想法，并以开放的心态接纳别人的想法，从而产生比个人看法更深入的见解。

3. 建立共同愿景

所谓共同愿景，就是组织中大家共同的愿望、理想和目标。共同愿景对学习型组织是至关重要的。因为学习型组织的关键是要有持续扩展的能力。而这种持续扩展的能力正是由共同愿景激发并培养出来的。共同愿景是由组织中个人愿景汇聚而成的，是集体的产物。它不是领导者强加于组织成员的，而是组织成员强大的精神力量。因此，建立共同愿景可以把大家聚集在一起，帮助组织培养成员为共同目标主动而真诚地奉献和投入的精神。所以，领导者必须注意与员工广泛交流个人观点，从而消除员工对改革的抱怨，并改变员工对领导个人愿景被动服从的状况。建立共同愿景的修炼包括鼓励建立个人愿景、在组织内塑造整体图像、融入企业理念、学习双向沟通技术、忠于事实等方面的内容。

4. 团体学习

近年来，科技的快速发展和全球竞争的加剧使团体对组织的发展越来越重要。企业组织只有发挥团体精神才能真正提升竞争力。

所谓团体，是指一小群具有不同技能的个人相互依存地工作在一起，这群人认同某一共同目标，为了达到共同目标，他们贡献自己的能力，扮演好自己的角色，彼此通过分工合作、沟通协调、齐心协力，并为目标的实现共同承担成败的责任。团体在组织中是最关键也是最佳的学习单位，组织内通过建立更多的学习团体，可以形成良好的共同学习风气。

团体学习是发展团体成员整体搭配与实现共同目标能力的学习活动和过程。它是建立在共同愿景和自我超越的基础上的。团体学习的方式是真诚交谈与讨论。真诚交谈就是一个团体的所有成员都合理表达心中的假设，一起思考。有效的真诚交谈的基本前提是把组织中的所有成员视为工作伙伴，由此才能共同深入思考问题，产生较好的互动，使彼此思维不断地补充和加强。讨论则是提出不同的看法加以辩论，真诚交谈和讨论是互补的。通常人们用真诚交谈来探讨复杂问题，用讨论来达成协议。一个学习型的团体要善于交叉运用真诚交谈与讨论这两种方式。

5. 系统思考

圣吉认为，系统思考是看见整体的一项修炼，是五项修炼的核心和基础。系统思考就是要求人们应用系统的观点看待组织的发展，即从看局部转换为看整体、从看事物的表面转为洞察其变化背后的结构、从静态的分析转到认识各种因素的相互影响、从把人们看作无助的反应者转为把他们看作改变现实的主动参与者、从对现状只做反应转为创造未来。

圣吉发现，人们常常忽略世界的整体性，习惯用片面的、线段的、割裂的方法来观察世界，在处理一些复杂问题时，习惯于将其分割成可以处理的片段来思考，然后加以整合。而对于整体形成的要素——组织分子之间的整体互动关系及其所形成的复杂现象却往往忽略不见。而正是这种动态性的复杂有时会抵消个人或群体改善问题的所有努力，它会诱使人们舍本求末、避重就轻、一再犯错，甚至会努力地制造共同的悲剧。因此，圣吉告诫人们，要了解组织中的管理问题的症结，必须先了解产生这些问题的系统集体，研究整体内的互动因素以及与问题相关的因素。

系统思考必须遵循以下十条法则：①今日的问题来自昨日的解；②越用力推系统反弹力越大；③恶化之前常先好转；④显而易见的解往往无效；⑤权宜之计的对策可能比问题更糟；⑥欲速则不达；⑦因与果在时空上并不紧密相连；⑧寻找小而有效的杠杆解；⑨鱼和熊掌可以兼得；⑩系统具有整体性且不可分割，不可绝对归罪于外。

学习型组织管理理论是一种宏观的管理理论，它适用于各类组织。新加坡用它指导政府管理，提出要建成学习型政府。日本用它指导城市管理，提出要把大阪建成学习型城市。我国同济大学把它用于指导学院管理，提出要把函授与继续教育学院建成一流的学习型学院。美国比尔·盖茨把它用于指导企业管理，努力把微软公司建成学习型企业。作为一种全新的管理理念，学习型组织正深刻地影响着政府、企业和学校等各类组织。我国的中小学如何借鉴国外学习型组织理论和实践的最新成果，努力把学校办成学习型组织，这也是教育管理研究中值得重视和关注的课题。

五、现代管理理论对教育管理的影响

现代管理理论的不同学派都从不同的方面对教育管理理论和实践产生影响。如受系统论，特别是巴纳德社会系统理论的影响，教育管理人员把系统理论作为一种价值观和方法论来研究和解决教育管理中的各种问题。他们把学校组织看作社会大系统中的一种动态组织，社会上各种因素都会对学校的教育质量产生影响；把学校与外界环境联系起来，从整体上研究影响教育质量的各个因素之间的关系，如探讨社区环境对学校的影响，分析与学校管理有关的公共政策问题、社会经济阶层问题等，并采用系统分析的方法解决整体协调性、结构合理性、运行稳定性、环境适应性以及技术先进性问题。系统理论和系统方法被引进教育管理之中，使教育管理的科学化和现代化进入一个新的阶段。教育管理上使用的教育预测、教育计划、教育决策、教育质量管理、教育评价等新技术、新方法都是根据系统理论原则设计出来的。

再如，受西蒙决策理论观点的影响，格林菲斯提出，教育行政的本质就在于控制做决定的过程，决定是任何行政组织的中心。他还进一步提出了教育管理决定的六阶段说，即认识和限定问题、分析和估价问题、确定据以判定解决方案的准则或标准、收集数据、判定和选出优先的解决方案并事先进行测试、实施优先的解决方案。

又如，受组织文化理论的影响，教育管理者开始注重校园文化研究。他们认为，学校是一种教育组织，校园文化就是学校组织文化，学校管理应该以这种先进的管理理论为指导，注重校园文化建设，以共同的价值观和校园精神来激发教职工对学校目标和准则的认同，在和谐、融洽的人际关系环境中，使每个教职工最大限度地发挥自己的积极性和创造性，最终实现学校的组织目标。

第五章 高校管理模式创新分析

第一节 融入开放性的思想

我国现阶段的高等教育已经从原来的精英教育迅速转化为大众化教育，受教育者的求学情况、知识基础与以往相比发生了很大的改变。政治辅导员和班主任要指导学生正确面对竞争、面对择业、面对压力，引导学生正确科学规划人生，培养学生有宽广的胸怀和健全的人格，努力把德育渗透到学生成才、就业的全过程，要主动管理育人，提高工作效率和工作水平，创造更好的育人环境和氛围。

一、建立优秀的管理团队和制度

如何适应时代的要求，培养社会需要的人才，是从事学生管理工作者的永恒话题，同时对学生管理领导干部也提出了更高要求，必须加强队伍建设。学校高层领导应加强对学生管理工作的重要性的认识，挑选一批思想素质高、工作能力强、具有一定学生管理工作经验的工作人员担任学校学生管理领导工作；经常性地组织并开展对各分校、教学点学生管理领导干部的专业培训，邀请较高水平的专家讲座，全面提升学生管理干部的素质；通过各种方式组织开展校与校之间学生管理工作的交流，请学生管理工作突出的管理人士讲解、传授管理经验，并通过讨论交流，达到共同提高、共同进步的目的；以校本部为载体开辟全校性学生管理工作专项窗口，广泛讨论发表管理体会，创建全校性学生管理专刊，组织系统内投稿，把学生管理工作真正落到实处。

学校应建立导学教师引进、培训、考核、交流的整套制度。完善引进程序，严把入口关，力争把有能力、责任心强的导学教师引进来。建立严格的导学教师培训、考核制度。导学教师应对以现代计算机网络为主的多媒体现代远程教育技术有较深的掌握，能熟练运用计算机网络等媒体技术获取教学资源，并能配合辅导教师进行教学资源的整合，组织和指导学员开展网上答疑、BBS 讨论、双向视频等网上教学活动，利用 QQ 群、微信、E-mail等与学员进行日常沟通。完善导学教师的流动计划，打破以往导学教师队伍建设的封闭体系，激活用人机制，拓宽导学教师出口，加强导学教师的交流和提拔，解决导学教师的后顾之忧。

解决导学教师流动性较强、流失率较高的问题，必须加强导学教师的专业化建设，其中最主要的就是更新观念，尤其更新领导的观念，全面提高导学教师的综合素质。导学教师在工作一段时间以后就会积累一定的工作经验，也慢慢会认识到自身不足。如果学校能制定一套完整的培训机制，给他们更多的培训学习的机会，不管是对学校还是对导学教师本人来说都是双赢的。另外，还可以加强导学教师之间的沟通与交流，使导学教师的业务能力不断提高，确保导学教师在工作中发挥应有的作用，保证开放教育学生的培养质量。

二、注重培养优秀的学生干部

好的学生干部不仅要给其他同学做出榜样，也会分担导学教师的工作重担，而且在这个过程中也锻炼了学生的工作能力，从而应用在自己以后的工作实践中。导学教师在选择班干部的过程中要一视同仁，不能因为其存在的个别小问题而否定他们的优点，应广泛听取同学和任课教师的意见，综合学生的平时表现民主或择优选拔；选出优秀的学生干部，要充分信任和尊重他们，减少个人干涉，使他们充分发挥个人的工作主动性和能动性。

学生干部队伍应真正发挥先锋模范作用，真正发挥战斗堡垒作用。学校应健全团支部、学生会组织，主动让学生组织成为学校与学生，教师与学生沟通的桥梁，通过民主推荐、个人竞选产生学生干部队伍。结合开放教育类学生的生理和心理特点，通过学生干部开展广泛的思想交流。帮助广大学生树立和培养学习自信心：一方面肯定他们在以往的学习和工作中取得的成绩和努力，使他们充分看到自己的优点和能力；另一方面循序渐进一对一式辅导，将他们在现在的环境中遇到的问题总结归纳，然后反馈经验。在交流沟通过程中，要注意交流态度，避免出现僵局挫伤学生的学习积极性，要充分尊重学生。成人学生的自尊心相对来说更强，并且更容易受到伤害，教师的教育手段要不断改进，积极与学生磨合，减少代沟的出现。在沟通的同时，鼓励他们学习之后要在自己原有的领域有所创新和进步，帮助他们做好职业规划和人生规划。在思想教育过程中，应尽量避免用说教的方式，毕竟这些学生都是成年人，强硬的教育态度只能引起学生的逆反心理，不仅不会配合教师的教育工作，甚至会放弃继续学习。对个别问题学生要单独关注，因材施教，明察暗访，找出学生学习欠缺的根源和影响因素，和周围同学以及同事努力解决问题，最大限度地激发他们的学习主动性。

三、通过加强校园文化氛围引导学生的学习和发展

开放教育的学生大多以参加远程教育学习为主，这些学生有着强烈的孤独感，他们渴望交流，希望像普通高校的学生一样有丰富的校园生活，感受来自众多同学的支持与友谊。学校应主动提供学生情感交流、培养兴趣和寻求帮助的平台，能够促进学生之间交流沟通，传承成长经验，解答学生疑惑，碰撞智慧思想，传递情感关怀，培养同学友谊，消除学习孤独感，增强学生对开放大学的身份认同感、归属感和凝聚力，营造积极向上的校园文化氛围，促进学生的管理、学习和发展。经常性地开展校区、班级之间的各种比赛活动，增

进学生之间的友谊，根据不同学生原来从事行业的不同，有针对性地聘请相关行业的专家学者到学校举办相关的讲座，吸引学生积极参与和交流。并用各种比赛的形式加强同行的良性竞争，使同学之间互相帮助，共同进步。导学教师应合理激发学生的学习积极性，帮助其树立明确的学习目标，使学生学习起来既有针对性还能进行自我检测和反馈。

第二节　提升教育服务意识

现代教育以促进人的现代化和主体的全面发展为中心。主体性、发展性是现代教育的本质规定。基于此，现代教育倡导"教育是一种服务"的教育管理理念。它强调教育者（教师）以满足受教育者（学生）个性发展，为受教育者创造全面发展和主体生成的情境和条件。它概括了当今教育的经营态度和思维方式。在如何开展教育管理和教育活动问题上，相对于传统的教育管理理念，它具有自身的特点。

（1）教育服务理念体现了现代教育以人为本的精神，突出了主体，突出了主体的生成和主体性发展，以培养现代主体人格为根本。它直接着眼于人的发展。

（2）教育服务理念下的教育管理活动是教育者与受教育者互为主客体、主体间的对象性活动；是在教育者的组织领导下，教育者与受教育者共同参与的活动；是教育者的启发、引导、指导与受教育者的认知、体验、践行的互动；是教育者的价值导向与受教育者自主构建的统一的活动；是教育者与受教育者的相互教育与自我教育、教学相长的活动。

（3）教育服务是现代教育管理的整体特征，它不是教育活动的某个阶段或某个部分、某个方面的特征。作为现代教育的根本指导思想，它是贯穿干教育管理活动的始终和教育管理活动的各个方面的。

教育服务的管理理念对于高校的改革、建设和发展有以下作用。

一、教育服务理念为改革高校学生管理提供内部驱动力

我们的教育理念是培养人、改造人、塑造人，这具有很大的合理性和教育价值，但是，怎样操作和实施，人们往往受一种片面的理念所指导。长期以来，人们一直将学生作为工作对象来"加工"，将教育完全观念化，以至于我们不能正确理解教育与社会、教育与个人发展之间的关系，使我们的许多教育政策与决策都缺乏科学的基础。

树立高等教育服务理念，能够促使高校树立责任意识、市场意识和竞争意识，促使他们关注社会与受教育者的个人教育服务需求，推动高校自觉自主地进行改革，把握市场动向，完善服务体系，增强效益意识，提高服务质量。来自管理者自己对这种改革的需求和认同是改革高校学生管理最主要的动力。可以说，没有管理者对这种改革的深刻理解，没有管理者对学生管理的热情参与，没有管理者对学生管理的积极投入，学生管理理念要转

变就会十分困难。要求高校学生管理者树立教育服务管理理念，就是期望在形成教育服务理念的同时：一方面使管理者意识到自己与服务，服务与学生之间的密切关系，因而去尝试改变对学生的态度，尝试用一种全新的视角去看待学生；另一方面也让管理者从根本上认识到传统管理的问题所在。服务理念首先是将服务对象当成自己一切服务工作的对象和焦点，将学生满意与不满意作为衡量管理业绩的重要指标，在客观上就迫使管理者去反思原来的管理理念并努力去接受新理念、新方法。这样，就能形成一种内在动力去推动他们进行改革。

二、教育服务理念为引导高校学生管理提出新的目标

传统教育理念培养人一般只要求听话、服从，教师培养学生追求"齐步走""整齐划一"，对学生个体之间的差异和个体特征重视不够，因而很难适应时代发展的需要。学生是共性和个性的统一。共性是指学生的群体属性，个性则是指学生的个体属性。处于同一年龄阶段的学生，由于他们生命过程和生活经历的相似性，他们的身心发展在同一规律支配下，表现出某些相同或相似的属性和特征，即共性。但这些共性只是相对而言的，由于个体间遗传因子、家庭背景、社会环境及教育影响的差异，学生的身心发展无论是在内容上还是在水平上都是千差万别的，学生的性格、兴趣、爱好、智力、能力不完全相同，即具有个别差异。这种个别差异是绝对的，是不以人的意志为转移的。这是学生管理必须面对的事实。

树立高等教育服务理念，不仅能够让我们意识到学生共性和个性的差异，还能够让我们意识到，"高等教育服务的生产者是教育工作者，他们通过消耗智力和体力，而提供适合不同教育对象需求的，具有多方面性能的教育服务，处在生产领域。学生则是高等教育的消费者，处在消费领域"，这种理念为高校学生管理实践提出了新的目标。作为提供教育服务的教育者，在学生管理中应以学生为本，尽量满足学生（作为消费者）的需要。不同的学生有不同的需要，同一学生不同时期的需求层次也不尽相同，需求的多样化决定了教师工作的复杂程度。在提供教育服务时，教师不再是以前高高在上的管理者，而是成了为学生提供服务的教育服务生产者。要提供优质的教育服务，以满足不同人的所有合理需求，教师就要自觉地树立"以人为本"的服务理念，把握学生的思想动态，了解他们需要什么、喜欢什么、想些什么、关心什么、拥护什么、反对什么，兴趣何在，更要了解不同年龄学生身心发育的规律和特征。要深入课堂，深入食堂，深入学生宿舍，深入学生活动的各个方面，只有这样，才能从学生的角度制定出符合他们身心发展需要的管理规章，才能努力完善他们的个性，充分发挥他们潜藏在主体内部的创造潜能，才能受到更多学生的欢迎和喜爱。要"生产"优质服务，教师还要了解学生需求的变化。社会在变，时代在变，生活环境在变，学生的思想观念也会随之发生变化。这就要求教师要不断调整教育方式，随时了解和判断以前的规章是否还符合发展的实际，以前的教育方式、教育手段还是不是学生愿意接受的。

三、教育服务理念为高校学生管理创造新型师生关系

传统的教育理念认为，学生是教育的客体，教师是教育的主体。受这种教育理念的影响，在学生管理中，教师和学生之间是管理者与被管理者、指挥与服从的关系，学生是弱势方，学校是绝对的强势方，这种管理方法虽然也会取得一定的管理效果，但它付出了扼杀学生主体性、自主性和主观能动性的巨大代价。

树立高等教育服务理念，要求教育者重新审视以前的师生关系，树立新型的师生关系：从高等学校教师方面来看，在教育服务过程中的师生关系中，学生作为教育服务消费者，在教育过程中拥有重要地位，教师必须予以尊重，教师作为教育服务生产者，不能不认真考虑作为教育服务消费者学生的意见要求，这意味着教师必须改变角色意识，树立服务理念，从提高服务质量、保证消费者满意的角度出发来考虑一切，才能做到因材施教；从学生方面来看，意味着他们必须树立独立意识和自主观念，他们必须对自己的选择和行为负责，不能完全依赖学校和教师。这种新型的师生关系有利于学生管理中师生平等地、朋友式地、相互尊重地交流对话。管理者也只有从观念上意识到对学生进行管理就是对学生的一种服务，认识到尊重学生就是在尊重自己，放弃学生就是在放弃自己，学生的失败就是自己的失败，失去了学生就是失去了自己，教师才可能真诚地去爱，真诚地付出，新型的师生关系才可能得以建立。在这种新型的师生关系中，学生管理倡导以"爱"为核心的情感管理。爱是一切教育的起点，是开启学生心灵的一把金钥匙，也是教育引导和管理学生的一种精神动力。只有爱学生，管理学生才能做到十分耐心，了解学生才能非常细心，为学生服务才会一片热心。而爱学生的最有效途径就是和学生交朋友，成为学生的良师益友。这样，一方面可以唤起学生管理者的友爱之心，使学生管理者乐于并善于与学生交友；另一方面可以使学生把学生管理者看成最值得信赖的人，向管理者敞开心扉，吐露心声，心悦诚服地、愉快地接受管理。

四、教育服务理念为高校学生管理的评价提供新的依据

无论什么条件下，任何一所学校的学生管理都有获得良好效果的预期。不同时期，人们衡量学生管理质量的依据不尽相同。传统的教育理念从管理者的角度出发，管理质量意味着管理特征对组织的规定与要求的符合程度。这一视角使组织更关注效率，即用最小的成本获得最大的收益。

树立高等教育服务理念，衡量教育质量的标准则主要是服务对象的满意度。这一视角更关注服务对象需要的满足。与传统理念相比，这一理念已经意识到了不同的服务对象会对同一产品感知到不同的质量水平。当学生或家长体验到满意的服务时，也就是他们对所有服务特征的期望都得到满足或超额满足时，他们把整体服务感知为优质，并因此对学校和教师保持夸赞和信任，从而对学校产生归属感。用满意度来衡量学生管理，传统的强迫

式的管理方法必然失去效力，这就促使学生管理者转变理念，认真研究学生，了解学生身心特点，了解学生需求，创新教育方法，来满足学生需要，从而为高校学生管理提供了新的衡量依据。

用满意度来衡量学生管理具体表现在要符合学校教育质量的以下几个特征。

（1）有效性。有效性也就是能有效地发挥教育服务产品的功能和作用，满足学生学习的欲望，促进学生的发展。

（2）经济性。经济性是顾客为了得到教育服务所承担的费用是否合理，优质与廉价对顾客来说是同等重要的。

（3）安全性。安全性是学校保证服务过程中学生的生命不受危害，健康和精神不受伤害，人格不受歧视，合法权益受到尊重和维护。

（4）时间性。时间性顾客对服务的时间上有需求，他们需要及时、准时和省时。

（5）舒适性。舒适性需要舒适的学习环境，以及令他们感到舒适的服务态度。

（6）文明性。文明性顾客需要学校有一个自由、亲切、受尊重、友好、自然和善意的、理解的氛围，希望教师有较高的知识修养、文化品位和幽雅的举止谈吐。

用满意度来衡量学生管理要以服务对象为衡量主体。学校应给予学生充分的评估权，学校应制定教育服务质量标准，并使服务者了解标准；研制学生满意度问卷调查，用以作为衡量学生管理的主要标准。当然，用满意度来衡量学生管理并不意味着对传统衡量标准的彻底抛弃。为了对高校学生管理做出更科学的评价，我们以为，可以建立高校学生管理满意度体系。这种体系除了学生满意以外还包括管理者自己的满意度体系，包括上级对下级的满意度、下级对上级的满意度以及家长满意度、社会满意度，等等。这种系统化的满意度体系有利于学生的健康成长，有利于学校的管理，使师生之间建立起共同学习、共同进步的良性循环。

五、在学生管理工作中树立服务意识的几点要求

（一）思想观念要转变

长期以来，传统的学生管理工作是以管理者为中心开展的，管理者对学生拥有绝对的权威，管理者与学生的关系是"管"和"被管"的关系，管理的内容主要表现为要求被管理者"做……""不做……""如果……"，管理的基本方式是"要求""批评（甚至是训斥、吓唬）"和"处分"。这样的管理方式在特定的历史时期，对矫正学生的不良行为习惯是起到积极作用的。

随着社会主义市场经济的不断发展，社会竞争日益激烈，社会对大学生素质、能力的要求不断提高，传统的管理模式已经不再适合当前的高校学生管理工作，我们就应该结合新情况，用发展的思维去改进它、完善它。在管理中融合服务的思想，体现"以人为本"

的管理理念就是适应新形势的有效方法，我们应意识到它的重要性，切实贯彻到管理工作的各个方面和环节中去。

（二）工作态度要转变

学生是整个教育过程的主体，在学生管理工作中要充分尊重学生的个性和人格，转变以前"高高在上""不俯身子"的管理者的姿态，带着"管理就是服务"的理念，不断提升自身工作对学生的吸引力和亲和力，主动深入学生群体，经常倾听学生的意见和建议，及时对工作不足之处加以整改，贴近学生生活，贴近学生实际，视学生为朋友，宽厚待人，主动去尊重、理解、关心和帮助他们，引导他们以主人翁的姿态投入学习、工作和生活，促进他们道德自觉自律意识的养成，最大限度地发挥他们的创造潜能。

（三）工作作风要转变

说得好不如做得好。树立落实服务意识，关键还是在工作作风上的转变。要把解决学生的思想问题和实际问题结合起来，主动观察学生关心关注的热点与焦点问题，及时高效、公平、公正地做好学生的评优评奖，党员的发展，贫困生精神和物质的帮扶，就业推荐和指导等工作，让学生感受到实实在在的服务效果。特别是在对待学习后进生和个别违纪同学的管理中，要学会感动他们，通过各种有效的帮助教育途径，如指导学习方法、多表扬他们的优点等，使他们觉得教师的工作是为他们着想，是为了实现、发展和维护他们的利益，从而自觉学好、表现好，促进整个群体管理的顺利开展。

（四）服务意识的树立要与坚持制度相结合

在学生管理中，制度是工作的保障，服务是工作的理念，稳定和谐是工作的目的。强调树立服务意识不是解除制度的约束，而是增加制度落实的人性化，没有制度依靠的服务是无力和软弱的。对于个别纪律观念薄弱、思想觉悟低、道德品质差、屡次违反纪律的学生就应该按照规章制度给予相应的处分和处理，这样才能维护绝大多数同学的权益，赢得绝大多数同学的支持。同时，规章制度的坚持与落实需要服务意识的体现，只有怀着服务好学生的思想，才能赢得学生的理解与配合，才会将外在的规定转化为他们内在的自我要求，学生管理才会具有实效性和持久性。

六、在学生管理工作中树立服务意识的几点建议

（一）建立一套科学、规范、完善的学生工作制度

高校应按照国家有关法律规定，依据本校实际情况制定完整的、可操作性强的程序、步骤和规章制度，并以此规范学生的行为，行使有效的管理措施。完善学校的规章制度，第一，应确定制定主体，不仅学校领导参与，管理者参与，作为被管理者的学生也要参与，这样才能充分体现学生的利益，实现"以人为本"。第二，学生管理制度应当完善，不仅要注重实体内容，还应当注意到程序内容。比如，学生处分制度，应当列明学生在哪些情

况下会受到处分，还应有学生辩护机制和申诉机制。在所有的程序都进行完之后，再由决策机构来认定处分该不该执行。第三，学校应有快速的反应机制，对国家一项新的学生管理政策或者法规出台以后，学校应快速反应出相应的实施意见。第四，除了这些强制性的规定，还应当有一系列的自律性的规定，使学生明确集体生活中行为自律的重要性而自觉规范自己的行为。

（二）发挥学生主体能动性，变被动管理为自我管理

在工作中要注意调动学生自身参与管理的积极性，让学生积极参与学生管理工作，改变学生在学生管理工作中的从属或被动地位，不只是单纯地把学生看作教育管理的客体，以利于消除大学生对于被管理的逆反心理，实现大学生的自我管理。学生管理中宜推行以学生工作处指导下的，以辅导员、学生干部为调节的，以学生自律委员会为中心的相对的学生管理方式，既能锻炼学生的能力，同时又达到了管理的目的。

（三）完善对学生管理者的选拔模式和培训机制

提高学生管理工作者的待遇，建立一支专业稳定的学生管理队伍。一是学生管理者的选拔模式要创新。如今有的毕业生为了留校做教师而将从事学生管理工作作为以后成为任课教师的跳板；有的则是通过种种关系安排进来，在这样的情况下，学生管理工作者很难保持高度的热情，管理水平也很难保障。而新的选择模式是要面向全社会，以完善的选拔机制完成对学生管理工作者的选拔，这样才能招募到各类人才，使学生管理队伍进一步扩大并提高质量。在选拔人才的时候尤其要注意他们在教育学、心理学、管理学方面的知识。在国外做家政服务都必须具备心理学、教育学相关证件，持证上岗。作为学生管理者的选拔就更应注重教育、心理、管理方面的知识，最好应具备这方面的学历。二是学生管理者培训机制要创新。学生管理工作是一项灵活多变的工作，需要管理者有足够的经验和专业知识来处理各种突发事件，因此对管理队伍的专业培训显得尤为重要。在新型学生管理模式下，任课教师是一种了解学生情况和反馈情况的角色，宿舍管理者也是一个重要的角色，原来这种专业性的培训机制针对的主要是校、院、班三级的学生管理工作者要改变，应面向专业课教师、学生辅导员和宿舍管理员，对学生辅导员、宿舍管理员要注重教育学、心理学、管理学方面知识的更新与培训，以及他们对突发事件的应急能力，让他们将"学会管理"与"学会学习"结合起来，使学生管理工作者能不断超越自我，从而培养出一支专业稳定的学生管理队伍。注重专业课教师对学生工作相关知识了解程度的培训，使他们从被动到主动关心学生的成长，关心学生工作，从而在各高校树立全员育人的思想。三是关注学生管理者的待遇。学生管理工作需要管理者保持极大的耐性和工作热情，管理工作相当烦琐，使得很多管理者不能维持工作的长期性，而管理者的经常变动则影响学生管理工作的开展和完善，因此提高学生管理工作者的待遇，使其能稳定长期地从事这一工作是非常必要的。

（四）加强学生的德育教育和心理健康教育

当今高校教育中的人才培养，不只是要使其获得专业知识和技能，也要培养其道德修养和心理素质。高等学校是培养主流意识形态的重要阵地，对构筑大学生良好的精神世界发挥着重要作用。高校学生管理者应通过各种渠道和方式，帮助大学生树立正确的世界观、人生观、价值观，形成高尚的道德情操和坚强的心理素质。所以，高校学生管理工作中的一项重要内容就是加强学生的德育教育和心理健康教育。这一点很多高校已经认识到并正在改进，特别要注意结合大学生实际，广泛深入开展谈心活动，有针对性地帮助大学生处理好学习成才、择业交友、健康生活等方面的具体问题，提高思想认识和精神境界。要制订大学生心理健康教育计划，确定相应的教育内容、教育方法。积极开展大学生心理健康教育和心理咨询辅导，引导大学生健康成长。

"以人为本"的管理模式是顺应当今形势行之有效的模式。学生管理者要结合实际情况积极运用这种模式，在管理中树立服务意识，充分调动学生自我管理的积极性和能动性，实现管理者和被管理者的有机融合，实现学生管理的时效性和持久性。

第三节 创新管理方式

创新是高校学生管理的灵魂，也是高校发展的关键。高校只有大力进行管理的创新，摒弃陈旧、落后的管理方式和方法，创建一种与时代发展相适应的新的管理机制，才能真正提高高校的管理水平，从而实现高校提高办学质量和办学效益，培养大批优秀创新人才的现实目标。尽管全面创新管理是针对企业的创新提出的，但对高校也同样适用。

一、高校学生管理工作创新的必要性

今日高校的功能已由单一走向多元，从简单趋向复杂，高校与社会的关系日益紧密。21 世纪，人类社会正进入一个以智力资源为主要依托的全球化知识经济时代，伴随知识经济社会的到来，高等教育将在社会中发挥空前重要的作用。高校作为法人实体，必须有全面创新思维，否则将落后于历史前进的步伐。全面创新管理特别是其根据环境的变化突破了原有的时空界域和局限于教学管理部门和教师创新的框架，突出强调了新形势下全时创新、全球化创新和全员创新的重要性，使创新的主体、要素与时空范围大大扩展。

（一）管理创新是培养高素质人才的需要

当前，科技飞速发展，新技术不断涌现，要培养大批高素质人才以适应新时期的生产建设，必须不断推进教育创新，这不仅包括教育观念、教育制度的创新，在人才培养模式和学生管理工作上也必须探索出一条新的道路，才能提高人才的素质和能力。学生管理工作是高校育人的重要手段，其本身并不仅仅是一个简单的政策、制度、规章所能涵盖的，它是一整套理论体系和系统工程的反映。学生管理工作的创新过程必须不断与外界思想、政策、环境相匹配，适应时代的潮流和社会的发展，这样才不会被时代所淘汰。

（二）管理工作创新是高等教育大众化的需要

自 1999 年高校扩招以来，招生规模的不断扩大，学生人数的不断升高，以前的所谓"精英教育"渐渐被大众化的教育模式所取代，大学生的整体素质和层次也在发生巨大的变化，这对大学生管理工作来说是一个不小的挑战。高校学生管理工作只有积极创新、不断探索，才能适应高等教育大众化发展的要求。

（三）管理工作创新是服务学生的需要

我国当前正处于社会转型期，社会生活方式逐渐多样化，大学生的思想观念、价值观念、生活方式都在发生巨大的变化。随着网络技术的快速发展，大学生对于新知识、新技术的接受和学习速度变得更快，这使得他们被网络深深地影响着。在学生管理的层面上来看，互联网的确带来了新的技术和方法，但互联网也在冲击着传统的管理方法和体制。对管理模式进行创新，是加强对学生工作的需要，也是提高高等教育质量的需要。

二、全要素创新在高校学生管理中的应用

（一）高校创新发展战略的制定为全面创新指明了方向

高校在战略措施的制定上，要找准切入点，突出特色，坚持以特色办校，将有限的资源用于战略性、关键性的发展领域，使之发挥最大的效用。高校的优势来源于管理者将内部所具有的专业特色优势、人才优势、学术科研成果、管理经验、资源和知识的积累、整体创新能力等多种因素整合。只有建立在现有优势基础上的战略，才能引导高校获取或保持持久的战略优势，推进特色办校战略，不仅在某一学科或专业上有特色，而且尽可能在某一领域上有特色。

（二）创新文化的建设是实现高校全面创新的源泉

各种创新活动都离不开高校创新氛围的基础，如果高校中人们的思想僵化，思路不清，机械、呆板，满足现状，不思进取，缺乏创新欲望与动机，对创新举动不予理睬甚至百般阻挠，就不可能形成强烈的创新氛围。据研究，国内外的一些著名高等学校，其保持长盛不衰的活力之源就是独特校风的延续和更新机制的存在。

（三）技术创新是实现高校全面创新的手段

现代信息技术对教师的学科知识结构以及掌握现代化教育技术的程度也提出了更高的要求，引起教学方法和手段的现代化及课程内容的更新，影响教学过程和人才培养的过程，对大学生的思维方式、行为模式、价值观念、政治倾向等都产生了深刻的影响。

（四）创新制度设计是高校实现全面创新的保障

任何一个制度和政策设计的终极目标都是要最大限度地激发人的积极性。高校必须承认个人在知识发展中的独特性，建立"以人为本"的有利于学生创新思维、创新能力培养的管理制度，既有利于充分发挥学生的学习积极性，也有利于充分发挥教师的教学积极性。

（五）学习型组织是高校实施全面创新的必然选择

随着我国高等教育向大众化阶段的迈进，高校办学规模不断扩大，管理幅度和管理层次也相应增加，高校实际上已经成为一个复杂的组织系统，传统的金字塔式的组织结构已很难适应知识经济的要求。因此，应改变组织结构，建立一种有机、高度柔性、扁平、符合人性、能持续发展、充分发挥员工的创造性思维能力的组织。

（六）全时空创新在高校学生管理中的应用

全时空创新是指每时每刻都在创新，它使创新成为涉及学校各个部门和师生员工的必备能力，而不是偶然发生的事件。这就要求在课程体系中增加创新能力的训练和综合实践课程，提高学生在亲身实践中发现问题、解决问题的能力，进而激发其灵感，教师要更新教育观，转变教育思想，改变常规教学方法，把知识的最新成果以及学术界正在争论的问题随时融进教学中去，身体力行地站在创新的最前沿。况且，在全球经济一体化和网络化的背景下，高校应该考虑如何有效利用创新空间，在全球范围内有效整合创新资源为己所用，实现创新的全球化，即处处创新。

（七）全员创新在高校学生管理中的应用

全员创新要求师生员工必须学习、学习、再学习，不仅要系统地学习，掌握基础的现代科学文化知识，而且要钻研某一专业方面的前沿领域，做到博与专，基础与特长的和谐统一，加强当前的阶段性学习，更强调要终身学习，不断增加新知识、新技能，保持良好的知识结构。高校学生管理人员再也不能像以往那样用传统的组织手段来指挥一群富有知识、渴望创造的教育工作者，而是必须不断探索高校学生管理中的新规律、新问题，研究现代化高校学生管理的新的方法论，寻求新形势下行之有效的管理方法，努力增强高校学生管理的科学性和艺术性，不断提高管理成效，用信息化管理方式取代传统管理方式，更要学习借鉴国内外先进的高校学生管理经验。

（八）全面协同在高校学生管理中的应用

正常的教学秩序需要稳定的教师队伍和部门间的协同管理创新。目前，高校规模的不断扩大使得高校学生管理创新呈现纵向的多层次和横向的多部门性，并且相互依存。无论从高校教育和教学管理的主体还是从客体来看，都不可避免地会出现利益和要求的多元化局面。高校学生管理中的协同创新行为是高校多个部门创新的组合过程，必须让所有参与协同的部门了解当前高校组织创新的实际情况，这不仅有利于单个部门的创新，而且在创新的过程中也能进一步增进相互的理解和信任，利用部门间相互协同创新，增强高校的凝聚力，提高高校的管理效率和创新能力，最终解决矛盾，缓解纠纷，消除内耗，达到整体创新的目的。

三、高校学生管理工作创新的几点建议

（一）完善学生管理制度

高校学生管理制度是在全校范围内具有普遍约束力的各种规章、条例、制度等，是高校依据国家有关法律法规制定的行之有效的管理办法。若想改变高校的学生管理制度只是沿用老一套的管理办法是跟不上时代发展的。因此，必须尽快制定出与时代和社会现状相符合的管理制度，完善管理上的不足。

（二）学生管理队伍专业化

目前来看，我国高校的学生工作管理队伍普遍存在这样或那样的问题，比如，专业背景不同、理论基础不扎实，在学历水平和思想素质上也存在不小的差别，这对于高校的学生管理是十分不利的。因此，努力培养和造就一支学生工作的专家队伍是当前学生管理工作创新的当务之急。一支专业过硬、素质较高的学生管理人才队伍，不仅能够管好学生，也能服务学生、培养学生，更能提升学校的综合实力。

高校全面创新管理体系的建立是一项复杂而艰巨的工程，不仅需要对全面创新管理中的要素理解掌握，还应采取如下策略：在宏观上政府要明确在高校科技工作上的职能定位，加强对高校科技工作的战略规划，对高校实行分类指导，引领科研方向；中观上加强校内、校外，国内、国际的科技交流与合作，建立和完善科教经互动的合作创新体制，构建和开放的人才培养体系和多元化、多渠道的科技创新投入体系；微观上各高校要实施高校科技管理体制创新工程，建设科技资源共享的创新基础平台，实施科技创新人才选培工程，培育科技创新文化，提高投入资金的使用效率。

第四节　坚持"以人为本"的理念

随着现代教育的发展和教育改革的深入，"以人为本"的学生管理将最终取代传统的学生管理，这是学生管理改革和发展的必然趋势。人是管理中的首要要素，因而提高人的素质、调动人的积极性、促进人的全面发展是提高管理效果的关键。科学发展观的本质和核心是坚持以人为本。坚持以人为本，不仅在人类思想发展史上具有重要的理论价值，更应成为当今高校的一种新的办学理念。

一、什么是"以人为本"的管理

"以人为本"管理模式即以人为中心，在确立学生主体地位的基础上，围绕调动学生的主动性、积极性和创造性来开展一切管理活动，这种管理模式是高校学生管理模式发展的必然走向。"以人为本"的学生管理工作理念，就是要以人为出发点，充分尊重学生作为人的价值和尊严，充分尊重学生的人格、个性、利益、需要、知识、兴趣、爱好，力促学生全面发展，健康成才，并能实现可持续发展。这意味着要从那种把对人的投资视为"经济性投资"的立场转变为"全面发展性投资"的立场。"以人为本"的管理在处理人与组织的关系时，并不否定和排斥组织的目标，而是把人的自我发展和自我完善作为组织目标的组成部分。高校学生管理中坚持以人为本的管理思想，就是指高校学生管理工作必须以调动学生的积极性、做好学生的工作为根本。具体而言，就是要在高校学生管理过程中坚持把教育和管理的对象——所有学生作为全心全意为之服务的主体。树立"以人为本"的高校学生管理理念，营造良好的服务氛围，对学生能起到潜移默化的作用。高校从教学到行政管理，从学生学习到后勤服务，都要不断深化教育改革，转变教育观念，转变过去那种以学校为主体、以教育者为核心的工作思路和工作方式，变管理为服务，树立"一切工作都是为了学生"的健康成长的管理理念。"以人为本"的高校学生管理就是以学生的发展作为高校工作的出发点和落脚点，一切为了学生，使大学生德、智、体、美全面发展。具体而言就是要理解学生、尊重学生、服务学生、信任学生。

二、实现"以人为本"的管理模式的必然性

高校是培养和输送人才的重要阵地，始终担负着为社会培养高素质的建设者和接班人的神圣使命。在现行的高校学生管理中，管理目标的抽象化和格式化也是高校学生管理的一大弊病。高校学生管理工作与学校的其他工作目标是一致的，都是为社会培养人才。

人性化管理是以情服人来提高管理效率的，人性化管理风格的实质就在于充分尊重被管理者的自由和创造才能，从而使得被管理者愿意以满足的心态或以最佳的精神状态全身心地投入学习和工作中，进而直接提高管理效率。人性的管理是情、理、法并重的管理，而不是放任管理，也就是我们所提倡的教育人性化。对高校学生实行"以人为本"的管理模式抓住了学生管理中最核心的因素，因为学生管理其实就是人的管理。人的需求、人的属性、人的心理、人的情绪、人的信念、人的素质、人的价值等一系列与人有关的问题均成为管理者悉心关注的重要问题。这是高校学生管理的出发点和落脚点。

高校的基本职能之一就是为社会发展教育和培养人才，大学生已经具有了成为国家栋梁的基本潜质和条件，在教育和培养的过程中，要充分调动大学生的主动性、积极性和创造性，为他们提供能激发创造性和自主创新性的氛围。而要实现这一目标，高校学生管理就必须是人性化管理，实施"以人为本"的管理模式。首先要转变教育管理观念，树立科

学的人才观。切不可用一种人才模式去苛求学生，限制学生个性的发展。学生管理工作者要有着眼于未来的宽广眼光和不拘一格育人的胆略。其次要着重提高教师的综合素质，强化管理者的人格魅力。

在新形势下，主观上学生群体已经逐渐不适合传统的高校学生管理模式，客观上高校管理所面临的形势也不能这样一种模式维持下去。招生规模的扩大，个性培养和创新教育日益被高校所重视等，这些因素都要求高校学生管理必须抓住"学生"这一根本主体，转变管理理念，提高教师的综合素质，强化管理者的人格魅力。进行人本化管理，其实是对教师尤其是学生管理者提出了更高的要求。以人为本，促进高校学生管理和谐发展是时代的发展适应大学生全面发展和个性发展的必然要求。构建和谐社会和谐校园，新时期学生的思想特点等使得以人为本的管理模式成为必然的选择。

三、构建"以人为本"的学生管理模式

（一）加深对学生的本质认识

高校学生管理，无论是计划和任务的确定，还是内容和形式的选择，都源于对学生的认识和把握，源于对学生发展中各种矛盾的深刻洞察。实际上，任何个体都有其自身具体、独特、不可替代的需求。不同个体的需求在整个群体中又都不是孤立存在的，它们之间是相互联系、相互作用的。就高校学生管理而言，学生对自身所处管理环境的感受，对自己在学校中的地位，对学习、恋爱、人际关系、就业等个人发展需要得以满足的程度，都是影响管理效果的重要因素。

离开对这些因素的认识、洞察和把握，高校学生管理就成了无源之水、无本之木。因此，我们只有全面考虑学生的个体情况，重视个人需要在管理中的地位和作用，并把它们看作运动的、变化的，高校学生管理才能有的放矢，提高管理效率，得到预期的效果。

（二）营造"以人为本"的校园文化环境

环境是人们赖以生存和发展的自然条件和社会条件的总和。校园文化环境是指与校园文化的形成与发展密切相关的外部条件。校园文化环境包括校园的物质环境和校园的精神环境两部分。校园的物质环境是以布局成型的姿态出现的物质环境，主要是指校容，如建筑物的布局，室外的绿化、美化，室内的整洁、美观、大方等。校园的精神环境主要是学校的传统习俗，校风、人际关系、心理氛围、文化品位及活动构成的气氛等。人的发展及才能的养成是遗传、教育、环境共同作用的结果。人不仅受所处环境的影响，也在不断改变环境。这个环境又进一步地影响他人和自己。就学校而言，这种对人的发展以及才能的养成产生影响的环境，就是校园文化环境。校园文化环境对学校的教育工作及师生员工的生活起着不可低估的作用。开展丰富多样、多元化的学生集体活动能够培养学生崇高的理想和高尚的道德情操，能够使学生的兴趣爱好和特长得到良好的培养和充分的发挥。在一

个健全的集体中，学生的不良习惯及意识也比较容易克服，因为集体的影响、优良作风对学生思想品德的形成和发展能起到巨大的促进作用。要充分调动学生的积极性、创造性，设法激发学生的思维兴奋点，组织开展丰富多彩的集体活动，在集体活动中教育、培养每个成员的集体主义精神，通过各项活动，积极发挥和发展学生的才干及特长，使活动和教育融为一体。

（三）构建以学生为中心的管理模式，实现学生自我管理

贯彻"以人为本"的教育理念，构建人性化的学生管理模式，其中最基本的有两条：一是确保学生在教育中的主体地位，充分尊重学生的人格与自主权利；二是要对所有学生负责，为学生的全面发展提供应有的服务。

作为教育工作的重要方面，在管理工作中确保学生的主体地位，尊重和维护学生自主学习的权利，就要保证教育主体的主观能动性得到充分发挥，使他们的个性得到充分发挥，使学生的潜力和发展的潜质得到充分挖掘。积极实践学生的自我管理、自我教育、自我约束、自我服务、自我发展等，不断培养和提高学生独立思考问题、分析问题、解决问题的能力，这不仅是改进学生工作，为学生的自主发展提供更大空间的需要，也是我们这些年来在学生管理工作中的成功经验。实际上学生的"自我管理"，就是一种民主、开放、人性化的管理，它更加有利于实现学生成才的目标。

四、学生在管理中的问题

高校学生通常叛逆心理较强，他们不希望被控制，希望自由，不喜欢被约束，不喜欢规章制度，喜欢自由自在。针对高校学生的这一特点，我们可以调动学生的主观能动性，使学生转换思路，不要让学生觉得自己被约束，让他们觉得自己是自由的。可以多让学生参加课外活动，多参加社团、学生会，使学生通过管理学会自我调节和自我管理。同时，我们需要有更多的激励方式调动学生的积极性，从而更好地进行自我管理。对于在学生管理方面表现出色的学生应该予以必要的精神鼓励和物质鼓励，这样学生才能够更好地自我管理，养成良好的管理习惯。

五、加强学生管理机制

做好学生管理工作，需要大家不断地努力，通过多和学生沟通，了解学生，从而更好地做好学生管理工作，立足于学生所需、学生所想，实实在在地为学生做好服务。在管理方面，教师应该更多地阅读教育学方面的书籍，更好地了解现阶段学生的心理状态，知道怎样处理出现的问题。同时做学生管理工作的教师需要有满腔的工作热情和无私奉献的精神，这是一名管理者应该具备的，时时刻刻关心学生，了解学生的需要，从更人性的方面出发。教师也需要合理的晋升培训机制，积极鼓励管理工作做得好的教师，只有这样教师

才能更有动力地做好管理工作。

高校管理工作是一项责任重大的工作，高校管理工作要围绕学生的基础需要，立足于学生的发展教师更多的是做一个好的引导者，让学生朝着更好的方向发展。这才是我们管理者在以后的工作中需要格外加强的。

六、提高学生管理工作者的素质

"以人为本"的管理理念体现出管理的自主性、民主性、灵活性和发展性等特征，这对学生管理工作者提出了更高的要求。"教书育人"就是通过"教书"这一手段和过程达到"育人"的目的。高校各门课程都具有育人功能，所有教师都有育人职责。学校道德教育的成效很大程度上是由教师的道德素养所决定的。教师及各类管理人员要从不同的方面对学生的行为产生影响和作用，确立全员育人和全程育人的观念。学生工作者要深刻认识并准确把握经济社会形势和发展趋势，面对这些变化所带来的影响，能够因势做好学生的教育引导工作。

建设一支高素质的学生工作队伍，一方面是高职院校要按照要求认真做好建设规划，做到与师资队伍和其他管理人员队伍的建设统一规划、统一实施；要明确条件、坚持标准，切实做好人员选配工作；要周密计划、合理安排，扎实推进人员培训工作；要提出目标、严格要求，不断增强学生工作者的责任感；领导和有关部门要对学生工作者思想上重视、工作上支持、生活上关心、政治上爱护，使学生工作者都能够随着形势的发展和工作的进行不断提高素质和水平，以满足事业发展的需要。另一方面要求学生工作者加强自身修养，明确神圣职责，增强责任观念，树立服务意识，努力学习，积极实践，深入思考，大胆创新，不断探索新形势下学生工作的新路子、新方法，不断总结适应新形势、新情况下的学生工作的新经验、新成果，在全面服务学生成长成才的过程中发展自己，实现自身的价值。"以人为本"的学生管理要追求以新奇制胜，以巧妙攻心，关注学生的日常生活和学习生活中行为表现的细枝末节，把为学生服务放在重要位置，创造性地进行管理。只有坚持"以人为本，和谐发展"的管理理念，适应新时期科学发展观的要求，倡导积极向上的学习观、人生观、价值观，实现学生管理模式的改革与创新，才能真正促进学生的全面发展、和谐发展和持续发展。

第五节 "以人为本"的高校学生管理模式

一、"以人为本"高校学生管理的内涵

"以人为本"的高校学生管理模式应包含以下几个方面。

首先，要树立服务观念。随着高等教育成为一种消费，大学生不仅是高等教育的产品，更是高校服务的客户，他们有权得到高质量的服务。要树立以服务为本的学生管理理念就要突出服务功能，提高服务质量，坚持从服务与管理学生、维护学生的合法权益出发，将教育、管理和服务有机统一起来。

其次，树立民主管理观念。当前的学生要求平等参与有关自身利益管理的欲望越来越强烈，实施"以人为本"就要求在各种管理工作中重视人的因素，正确认识人的价值。人既是被管理的对象，又是管理的主体，应充分发挥人在管理中的积极性和主动性，形成一种全员参与的管理模式。高校必须强化学生管理工作中的民主观念，彰显"以人为本"精神。

最后，加强法治观念。学生管理工作的"法治"，从本质上讲也是"以人为本"的管理理念发展的必然要求。

"以人为本"的学生管理模式促进学生个性发展，与传统管理强调共性存在很大的区别，每个大学生都是具有个性的人，学生管理工作过程中过度强调共性，必然扼杀人类本性中的创造性潜能，使高校的学生管理活动失去应有的生机和活力。"以人为本"的学生管理工作必须树立创新观念，注重发展学生的创新意识和创新能力。总之，"以人为本"高校学生管理的内涵可以归纳为以下几点。

第一，从心理学的角度来看，分析大学生的心理特征，准确把握大学生成长过程中心理变化曲线，理解他们的各种正当合理需要。

第二，加强"以人为本"理念的传播，对大学生进行人性化的教育管理，以人的本性为出发点，引导学生进行自我剖析。

第三，承认大学生的个性，并引导其个性的良性发展，使其共性合格，张扬个性。

第四，强化学生的主体性，发挥其在教育过程中的主体作用，激发其自我教育、自我管理、自我服务的作用。

第五，加强角色转换，加强督导作用。

第六，加强对学生的教育、指导、管理、强化服务，为学生的健康成长和全面发展创造条件。

二、推行"以人为本"高校学生管理模式的意义

（一）"以人为本"的学生管理模式代表高等教育管理手段改革的新趋势

21世纪是知识经济时代，知识经济崇尚民主、平等、创造性，强调人力资源开发和科技创新的作用，提出教育遵循"以人为本"的管理理念。因此，高校教育管理者面对知识经济的挑战，必须贯彻"以人为本"的思想，不断学习新知识、提出新观点、更新旧观念、开拓新思路，这样才能满足21世纪人文教育的需要。

"以人为本"的管理理念为新时期高校教育改革注入了新的理念。高校作为人类社会中传播知识和先进文化的重要阵地，作为学生树立正确世界观、人生观、价值观和创新思

维培养的重要场所，必须坚持"以人为本"的办学理念，才能理解学生、尊重学生、服务学生、依托学生和信任学生。只有充分理解学生的个性、学生的情感、学生的尊严和学生的思想，不断挖掘学生的潜力，才能培养学生的创新精神，因材施教，提高学生的主观能动性，发挥学生的聪明才智，尊重学生的主体意识，最大限度地发挥学生的想象力，使学生真正实现自我教育和自我管理。这些都需要我们建立、健全"以人为本"的高校学生管理体系，创造尊重学生的社会条件。但是，尊重并不是放弃原则，放弃对学生违规违纪的管制或拒绝对学生错误言行进行批评、教育，而是真心地去关心他们：从思想上关心他们，使大学生树立正确的政治理想，坚定永远跟党走的决心和信心；从学习上关心他们，使大学生产生对学习的兴趣，自发地树立学习的目标：从生活上关心他们，使大学生感受到学校大家庭的温暖。良好的学习生活环境是学生成长、成才的必备条件。应根据学生个人发展的需要，时刻为他们的成长、成才提供锻炼的舞台和最佳的环境。这样学生就能不断地在思想上提高自己、在学习中完善自己、在生活中充实自己，为他们的自我实现、全面发展奠定坚实的基础。

（二）"以人为本"的学生管理模式在网络时代成为可能

网络正极大地改变着大学生的生活、学习方式甚至是语言习惯。对学生管理工作而言，网络为高校学生管理工作带来机遇的同时，也带来了极大的冲击。网络信息的快捷性、丰富性和开放性特点，使得学生从学校和课堂获取知识的权威性受到怀疑。网络的虚拟性、隐蔽性使得网络成为有害信息的滋生地和传播地，使得大学生难以判别和抵御。

（三）"以人为本"的学生管理模式是大学生权利本位的要求

随着经济的发展和科技的进步，当代大学生已经具有了明显的时代特征，如强烈的自我意识、独立意识、平等意识、个性意识。他们大多见多识广，反应敏捷，接受新事物的能力强，在某些方面的知识已远远超过教师和家长，这是不争的事实，学生已不再满足于"你讲我听""你说我干"的顺从和权威崇拜的心理。但是，自理能力、协作意识差，意志脆弱，承受能力差也是当今大学生多出现的问题。

目前在校生中，00后学生已经成为高校学生的主体。这些学生由于受到特殊时期经济政治体制变化、思想领域变化和大众传媒方式日益多样化等因素的影响，学生的权利意识有了很大的变化。他们成长环境大都较为优越，缺少艰苦环境的磨炼，有相当一部分学生自上大学前，除了读书学习之外，很少参与社会实践和劳动锻炼，过着"衣来伸手，饭来张口"的生活，养成了很强的依赖性，优越的成长环境也使他们对生活有较高的期望值，总渴望着别人能让着自己、关心自己；他们缺少磨炼，在心理上过分依赖于家长和学校；没有挫折体验，经不起新环境和困难的考验，意志薄弱，承受能力差。另外，相当数量的贫困生，心理压力过大，强自尊与强自卑并存，敏感与脆弱同在。这就要求高校学生管理工作要主动适应这种变化，创新学生管理工作的思路。要正确认定学校与学生之间的关系，正确认识和对待高校学生的权利意识，积极引导和培养学生正确的权利意识观念，让学生参与权利维护的实践和讨论，在行动与思考中成熟。

当前的大学生对自我权利意识有着较为自觉的认识，并且将其作为个性张扬、精神独立的重要表达方式。他们对个人利益的保护意识较为强烈，对自己作为教育消费者的身份有着较为清楚的认识，能够从消费者权利角度，主动了解并思考教育消费方面的诸多事情。比如，学费、住宿费等收费是否合理，教育质量是否和教育消费支出相称，等等。对于学校的各项规章制度，他们也常常会发表自己的看法，评论其是否科学合理，并希望通过合适的途径来表达自己的意见；他们希望更详细地了解学校发展情况及各项奖惩制度，所学专业的师资队伍建设情况及就业前景等。这样的维权意识能够推动学校更好地调配使用教学资源、更谨慎地建设并管理师资队伍，使校园管理更为科学化、人性化。

善于积极表达权利意识。据了解，当代青年学生已经不满足于仅仅停留在自我权利意识的觉醒阶段。作为希望接受优质教育的年轻一代，他们更加关注如何将自己的权利意识通过更为合理、妥当的方式表达出来，并最终获得实现。他们希望通过高效直接的途径，促使学校管理者能够从学校制度建设方面切实保障其各项正当权利，但是他们仍然存在许多模糊不清的权利意识认识，表达方式较为冲动。由于大学生自身年龄、知识视野狭窄等因素影响，他们有时会片面地夸大自身的权利却忽视义务或一味地抱怨学校仍存在的某些问题，却不能够积极地以主人翁的态度配合学校管理层做出应有的努力。因此，这就要求高校学生管理者不仅要尊重学生法律赋予的权利，更要警惕学生思想中因年轻而暴露出的片面化、极端化的倾向，正确引导、教育学生，实现学生成长和学校发展的共赢。

三、"以人为本"高校学生管理模式的特征分析

以人为本的高校学生管理模式较传统的管理模式主要有以下几个方面的特点。

（一）"以人为本"的高校学生管理模式注重学生的全面发展

以人为本的高校学生管理指的是以学生的发展为高校工作的出发点和落脚点，一切为了学生，使学生在德、智、体、美等方面全面发展，所以从管理的目标上来看，以人为本的管理模式更注重学生的全面发展。传统的管理模式把实现班级和学校目标、维护班级和学校利益作为最重要甚至是唯一的目标和归宿。人本管理在关注组织目标和组织利益的同时更加注重学生的成长与全面发展、个性化等问题，它认为学生管理的最终目标和归宿在于促进学生健康成长，在于培养具有独立的、鲜明的、多元化的个性的人，在于促进人的全面发展，实现教育目标等，而不是生产统一、服从、标准化的人才。

（二）"以人为本"的学生管理尊重学生的主体性

主体性，从根本上说，就是人（主体）区别于客体（自然）而有别于动物的基本属性。那么怎样才能体现人的主体性呢？马克思主义认为，只有体现在人同客体的相互作用中所表现出来的自主性、能动性、创造性才是人的主体性的特征表现。学生在学校中的主体性，

正是通过"三性"（自主性、能动性、创造性）而表现出来的。

传统的管理模式认为，规章制度是神圣的，是学生管理的中心环节，没有规矩不成方圆，制度是管理的保证，制度是铁定的、不可通融的，制度面前人人平等。这反映在学生管理中就是实施"管、卡、压"的手段，这种管理方法实际上忽视了学生是一个具有自主性、能动性、创造性的主体。

如果学生管理离开了学生的积极参与，再好的管理制度也不会取得好的成效，也就是说，要取得良好的学生管理成效，必须调动学生参与学生管理的积极性，尊重学生的主体性。尊重学生的主体性就要求我们对学生管理时贯彻"导之以行，晓之以理，动之以情"的原则。

人本管理对学生的管理，既可以通过制定、实施一系列的规章制度和管理措施来指导、约束、控制、规范学生的行为，也可以通过对环境的影响力和教育的影响力，对学生的管理产生潜移默化的影响。但这些只是影响学生管理的外部因素，外部因素只有通过学生的自觉性和积极性等内因才能为学生自觉地接受，在主观上加以认识和理解。因为学生管理不可能把社会的思想意识、行为规范只是简单地直接移植到学生个人身上，而是让学生在管理过程中能够自我反思、自我教育、自我激励，使学生树立自强、自立、自律的观念。以人为本的学生管理的对象是人，所以学生管理活动的实施对象是有思想、有独立人格、主动性、自主性和主观能动性的不断成长、发展着的人。每个学生都具有自己独立的人格、尊严和个性的需要。所以，以人为本的学生管理是围绕激发和调动学生的主观能动性为核心的，尊重和发扬学生的主体性，并且以人为本的高校学生管理尊重学生、理解学生、服务学生、相信学生，最大限度地发挥学生的主动性与创造性，强调学生是学生管理的主体。

（三）"以人为本"尊重学生的个性发展

根据马克思主义关于人的学说，个体性是指个体在自然素质（又称遗传素质）的基础上，通过个体的活动、接受教育和社会环境的影响而形成的有个体特质的心理特性的总和，个体性具有先天性、差异性、社会性和可塑性等特征。个性发展的核心是自主性和创造性的发挥。

传统的学生管理忽略了一个明显的事实，那就是学生是一个不断成长发展着的人，是一个由个体性的人向社会性的人的发展成长过程。这就导致在学生管理工作中许多教师总喜欢学生循规蹈矩，唯命是从，不能容忍学生的缺点，一旦学生有某些不规矩的地方，可采取一些强制性的教育手段，不仅方法粗暴，而且收效甚微。这种管理模式追求"齐步走""整齐划一"，对学生个体之间差异和个性特征重视不够，因而造就出来的学生都是"千人一面"，缺乏创新性的思维品质，无法适应时代发展的要求。

现代社会既为人的个性发展提供了极大的可能性，也对人的发展提出了更高的要求。现在培养的学生除了应当具有扎实的基础知识和较强的实践能力以外，更要有全面优良的素质和适应社会变化的能力。这就意味着一个人不仅要有强烈的事业进取心、社会历史使命感和责任感，有丰富的想象力、深刻的洞察力和科学精神，有正视挑战、参与竞争、关心他人、合作共事的优良心理素质，而且要有自觉、自主、自强、自信、进取、创新的能力。人本管理思想坚持面向全体学生，为全体学生的全面发展创造相应的条件，但不是千人一面，而是多样性的因材施教的教育。在全面发展的基础上，注重培养学生的个性特点，不拘一格育人才，最大限度地调动学生学习的积极性和主动性，引导他们主动地去认识自我、反省自我、寻求真理、完善人格，把自己塑造成为具有鲜明的个性特征和良好素质的社会主体，形成人才辈出、群星荟萃的局面。在学生工作中鼓励学生多出头、敢出头，充分发挥学生的专长。这种模式充分尊重学生的个体理性，使其能够自主地为自己确定目标，并为实现这些目标而选择合适的手段，充分地满足学生自己的需要。

（四）"以人为本"的高校学生管理体现因材施教的原则

"因材施教"是我国古代一条重要的教学原则，是孔子在长期的教学实践中创立的。宋代学者朱熹把孔子这一思想概括为："夫子教人，各因其材。""因材施教"强调教师在教育学生时，应该根据每个学生的具体情况和特点，如能力、性格、特长、原有基础等，提出不同的要求，选择适当的教法，给予受教育者不同的教育，以促进学生的发展。

"因材施教"强调的是教师依据学生的个性特点进行教学。但是，在实际的教学工作中，许多教育工作者没有正视学生的主体地位，仅仅把学生当作教学的对象，只看到学生受动的一面，而没有看到学生能动的一面，压抑了学生在教学过程中的主动性与积极性，束缚了学生主体性的发展。这些体现在现实实践中就是表现出专业设置过细，培养目标单一，教学计划和考核评价标准注重共性和统一，"一刀切"。受这种传统观念的影响，学校开设什么专业，学生就学习什么专业；学校开设什么课程，学生就学习什么课程，学校安排什么样的老师，学生就听什么老师的课。这样下来，学生完全处于从属、被动的地位，个性发展根本得不到尊重，由此导致学生视野和思想不够开阔，专业素质不高，创新意识和创新能力较弱，难以适应社会和个人发展的需要。

"以人为本"主张"人本位"，强调"学生第一"的办学理念。现在许多大学在办学的过程中就进行了一系列的改革。如实施学分制管理模式改革，学生可根据自身的情况提前毕业或延迟毕业；制定了第二专业、辅修专业、第二学位的学籍管理规范，建立了具有约束机制的淘汰制度，并在此基础上试行了学生入学一年后转专业制度；实施了学生先选课，教务再排课制度，赋予学生更大的选择权和自由空间，增强了学生的主体意识；大力开设跨院（系）选修课，放开学生选修范围，鼓励学生在全校范围内任选课程。还有一些高校，为充分利用地源优势，鼓励学生跨院校选课，实现校际教育资源共享；一些学校还实行学生选教师制度，某门课程达不到规定的上课人数，该任课教师将被取消任教资格。这些措施的陆续出台和实施，满足了学生个性发展的需要，尊重了学生的主体性，展现了因材施教的原则。

（五）"以人为本"强化学生管理的服务意识

传统的学生管理模式所注重的是管理者的优先地位，强调个体对群体的服从，忽视了学生的主体地位和学生的权益，它往往把学生作为规范和约束的对象，要求学生的行为符合社会规范和学校的要求，以"不出问题"作为管理的目标，不注重学生个性和创造性的发挥，忽视学生自由而全面的发展，这种管理模式既不适应目前高等教育所面临的新形势，也不利于强调创新精神的素质教育这一人才培养模式的构建。

《中华人民共和国高等教育法》明确规定，教育属于第三产业，即服务行业。高等院校既然属于服务行业，就要努力增强其服务意识，提高服务质量。在现代市场经济社会中，有不少学者把学生和学校的关系比喻为买方和卖方的关系，即学生作为消费者进入学校，有权利要求管理者提供给他所真正需要的服务。所以，学生管理工作者必须正视学生的这种权益意识，在给学生提供图书资料和网络信息、社团活动和文化体育娱乐、生活和就业指导等诸多方面的服务时，充分尊重学生的主体地位，注重学生个性和创新性的发挥。

当把学生理解为买方时，特别需要注意的是他们的特殊性，他们在身心方面都还没完全成熟，缺少人生的经验，需要学生管理工作者给他们提供一种特殊的成长服务，成长服务包括心理咨询、世界观、人生观和价值观的指导，个人潜能发展的引导以及个人权益的维护等。这就要求学生管理工作者具有一种高度的责任心，为学生的发展所必备的独立人格、人文素质、正确"三观"和创新精神的塑造与培养提供帮助，这样体现了"人本位""学生第一"的办学理念。

四、构建"以人为本"的高校学生管理模式

（一）重新认识和理解学生的本质

高校学生的管理工作，不管是制订工作计划还是安排工作任务，或是选择管理的形式和内容都离不开对学生的了解，离不开对于学生遇到问题的思考。我们知道，每一个单独存在的个体都有自己独一无二的具体的需求。当然，个体的不同需求并不是孤立于整体而单独存在的，他和整体之间存在着必然的联系，二者之间相互影响、相互作用。在高校学生管理的整体中，学生作为一个独立的个体，对于周围环境的感受，对于自己在学校的位置，对于高校学生管理产生的效果都会产生影响。如果不重视对这些要素的认知和把握，高校学生管理就会失去活力和存在的价值。所以，对于学生的个体情况我们必须引起重视，重新认识个人需求在管理中的重要性，认识到个人需求是不断发展变化的，只有这样高校学生管理才可以明确目标，逐步改善，进而实现高效管理的期望。

（二）高校的管理方略要以学生为中心，鼓励学生开展自我管理

要将这一模式贯彻下去学校就必须做好充分的准备，具体要做到以下几点：首先，努力创造宽松、和谐的校园环境，营造学生自我管理的氛围。为学生提供优良的文化环境是

高校的责任，也是实现学生自我管理的基础。对于可以对学生产生深远影响的同时学生也对其产生影响的校园文化环境，高校必须引起足够的重视。学校的文化环境应该尽量宽松，使学生可以自由地成长并且可以弘扬学生的主体精神。其次，对于现存的学生管理结构进行改革，创立学生自我管理制度。作为自我管理的主体，要求学生要充分发挥自身的创造性和责任感。成立专门的机构为学生自我管理的正常开展提供保障，并且保证学生自我管理逐渐制度化和常规化。

（三）实现学生管理方式的不断创新

高校的学生管理方式是否科学和合理，对于学生的发展和培养起着关键的作用。因此，高校的学生管理要注意以下几点：首先，重视教师的作用，关注其对于学生的潜在影响。从人本主义心理学来看，讲道德的理念教育与实践相结合，将其融合在日常教学活动中是最好的道德教育方式，有助于学生在潜移默化中完善自己的人格。其次，采用合理的教育方法和形式，使其与教学目标和内容相适应。结合大学生的心理特点和认知能力的特征，关注学生的真实生活体验，从他们的体验出发去帮助他们完善自己的价值观、人生观和世界观，帮助他们学会思考和判断，具备独立生存的能力。同时，要发掘学生的优势和自身的管理能力，促使他们在自我管理中培养和提高自身的综合素质。

第六节　目标设置理论下的高校学生管理模式

在高校中，辅导员是学生管理工作的组织者、实施者和指导者，是从事学生管理工作的一线人员，辅导员与学生走得最近、接触最多，辅导员对学生了解最多、影响最大。所以，辅导员的管理思想和管理方法直接影响高校整个学生管理工作的质量和水平，只有将目标管理理论应用到辅导员的日常学生管理工作中，才能指导工作实践，不断提高高校学生管理工作的质量和水平。

一、目标管理理论的特点

目标管理理论是由美国管理学家彼得·德鲁克根据目标设置理论提出的目标激励方案，目标管理是企业组织或管理者运用激励机制的作用，以组织目标的设置和分解、目标执行过程中的跟踪控制、目标执行成果的奖惩为主要手段，把组织目标转化成被管理者的目标，通过员工的自我控制、自我管理来实现组织经营目的的一种管理方法。目标管理理论主要有以下几个特点。

（1）目标管理不是对目标的管理，而是通过目标实现管理。

（2）变"压制式"管理为"参与式"管理。德鲁克认为，组织必须将自己的目的和任务转化为目标，管理者和被管理者必须一起制定组织的总目标，然后将总目标分解为各职能部门的分目标。在目标的制定和分解中，必须全员参与，重视被管理者的主体地位，被管理者在其中需要有充分的发言权和自主权。

（3）让员工自己管理自己，变"要我干"为"我要干"。目标管理理论认为，个人目标和组织目标是统一的，完成组织目标就是完成个人目标。在目标实施阶段，它强调：管理者必须下放权力，充分信任一线人员，发掘员工的工作潜力，使他们进行自我控制、自我管理，独立自主地完成各自的任务。在目标成果评价阶段，它强调：每个管理人员和员工完成的分目标就是他们对组织的贡献，成果评价和奖惩必须严格按照每个人的目标完成情况和实际成果大小来进行，以激发其工作热情，充分调动员工的工作自主性、积极性和创造性。

二、高校学生管理工作困境呼唤目标管理

高校学生管理工作与目标管理理论的有机结合，是由目标管理理论的特点和高校学生管理工作的困境决定的。

在高校，辅导员的学生管理工作一直面临两大困境：一方面，辅导员和学生朝夕相处，与学生之间建立了密切的关系，从入学环境的熟悉，到生活上琐碎事情的解决，以及专业学习的咨询，学生有事就找辅导员。所以，只要与学生沾边的事情辅导员都要去抓、去管，这种工作现状常常致使辅导员的内心处于一种矛盾状态：自己的工作职责究竟是思政教育还是学生管理？还是两者兼而有之？如果两者兼而有之，那么日常工作的重心该如何权衡？这种矛盾心理会在实践中严重影响辅导员的工作效率和工作水平。另一方面，在高校学生管理工作实践中，专职辅导员的师生比设置不低于 1 : 200，再加之学生事务的琐碎，所以辅导员的工作量很大，工作任务也较繁重，在这种情况下，如何保证学生管理工作的质量和水平又成为辅导员面临的另一困境。其实，思政教育和学生管理并不矛盾。根据目标管理理论，辅导员可以通过目标管理引导学生参与自我管理，把思政教育融入目标教育中，实现思政教育和学生目标管理的统一，这样既可以防止辅导员日常工作的失衡，又可以帮助辅导员提高工作效率和工作水平。

三、目标管理在学生管理中的具体运用

第一，确定目标管理的推行范围。确定目标管理的推行范围，就是选择目标管理的推行受众。高校学生管理工作实践表明，大一学生是目标管理最适合的推行受众。与其他年级学生相比，大一学生有一个明显的特点，那就是他们在各个方面（如学习、交友、工作、对未来的期望等）的积极性和热情都要明显高于其他年级。而且有一项研究表明，较其他年级学生，大一学生的各个目标设置水平都要偏高，这些目标包括学习目标、社交目标、社会责任目标以及未来发展目标等。这主要是因为大一学生都是刚踏进大学校门的新生，他们对大学生活充满了各种期望和设想，他们的世界观、人生观和价值观还都处在理想和

现实的边缘，所以大一学生的特点决定了他们处在目标教育的关键时期，是辅导员进行目标管理最恰当的推行范围。在具体推行过程中，辅导员应该采取分班级渐进式推行。

第二，加强对学生在相关方面的宣传和教育。宣传和教育的目的是让学生对目标管理有充分的了解，为后续目标管理的顺利进行打下基础。在这一阶段辅导员需要做以下几项工作：一是对传统的班级管理干部即班委的成员和结构稍作调整。班委成员的确定原则是简洁高效，班委的组成结构是三级制，班长、团支书下设学习委员、宣传委员和组织委员各一人，然后下设各学习小组组长，学习小组以宿舍为单位组建。二是明确宣传教育的主要对象。虽然大一学生都是辅导员宣传教育的对象，但宣传教育的主要对象应该是班干部，因为他们能否正确理解和执行目标管理对其他学生理解和执行目标管理具有重要的影响。三是明确宣传教育的内容。宣传教育的主要内容是"什么是目标管理"以及"如何具体执行目标管理"，教育重点是让学生清楚目标管理较之传统管理的优势，让学生明白目标管理与他们自身学习发展的关系。四是选择合适的教育方法。宣传教育要层层推进，责任到人。辅导员对班干部要进行重点培训教育，对全体学生可以采取讲座或印发宣传手册的方式进行。同时，各班班干部要采取班会、板报等形式对本班学生进行有针对性的宣传教育，学习小组组长要负责对本小组成员的宣传教育。

第三，师生共同制定发展目标。某大学的一位老师曾提出一个"四年之约"理论，所谓"四年之约"就是引导、教育大学生对大学生活进行规划，确立学习、生活及择业、就业的总目标和阶段性目标，并对其目标的践行进行有效的指导，进而使其能够顺利实现自己的目标，帮助其成人、成才。这里，师生要共同制定的目标就是"四年之约"目标。目标的制定过程是师生互动的过程，在这个过程中，辅导员需要注意以下几点。

（1）目标一定是学生自主制定、自愿执行的。

（2）目标包括长期目标和短期目标。长期目标是短期目标实现的结果，短期目标是根据长期目标制定出的分阶段目标即学期目标。

（3）辅导员要充分发挥引导作用。辅导员要向学生不断地进行政治目标、职业目标以及专业目标等关于大学生自身发展目标的教育，并通过问卷、班会、个别交谈等形式，了解学生的情况，了解学生的意愿、志向，帮助学生分析，引导学生"设计"自己的前途：我要成为具有怎样的素质和道德修养的人（思想道德发展目标）？成为具有怎样的智能和专业素质的人（专业发展目标）？成为具有怎样的身体素质和心理素质的人（身心发展目标）？

（4）师生共同制定出的目标要具备三个特征：一是可量化，目标数量不宜过多，并有轻重缓急之分；二是具体化，特别是短期目标；三是有可行性，目标不能好高骛远；四是有适度挑战性。

第四，控制目标执行过程。目标制定后的关键步骤在于践行。在这一阶段，辅导员和班干部要做好过程控制工作，即做好目标执行过程中的监督、检查和调整工作。过程控制的首要目的是及时发现并修正目标执行过程中的偏差，同时要重点帮助特殊群体，鼓励学生做到持之以恒。为做好过程控制工作，辅导员要充分发挥班干部特别是学习组长的信息桥梁作用，及时、全面地掌握学生目标执行动态，定期召开动员会、交流会，并做实月汇总、月考核、月反馈工作。

第五，考评目标执行结果。目标执行结果的考评是一个总结、评价与反思的过程。它既是本轮目标管理的终点，又是下一轮目标管理的起点，发挥着承上启下的重要作用。这一阶段辅导员需要把握好三点：一是考评的奖惩标准，这一定是事先和学生共同商定的，辅导员不能随意更改；二是考评工作一定要及时做，否则其激励作用就会大打折扣；三是考评的目的不是简单的奖优惩劣，而是要实现学生的成长、进步，所以对于目标执行结果不理想但在目标执行过程中态度端正、积极要求上进的学生，也是我们应该进行奖励的重点对象。

第六章　新生代大学生的教育管理策略

第一节　更新大学生教育管理理念

随着当今国际形势的深刻变化和改革开放的不断深入，高等院校学生教育管理工作既有有利条件，也面临着严峻挑战。面对新情况和新问题，需要高等院校管理者重新思考高等院校自身所处的社会环境变迁，正确认识全球化、网络化、数字化、信息化给学生管理工作带来的冲击，积极探索新环境、新情况下学生管理工作的新思路、新理念，为大学生的学习、生活提供最大可能的指导和帮助，使他们都能健康成长、成才。

教育管理理念是高等院校育人工作的核心因素，是统领学校育人工作的灵魂，对于其他因素具有显著的整体制约性和指导性。在对大学生心理健康影响因素的研究中发现，大学生心理健康因素受到学校教育的影响。从当前大学生心理健康状况以及对其影响因素的综合分析来看，要促进大学生心理健康水平提升，高等院校的大学生教育管理理念必须进行革新。从整个高等教育领域发展来看，我国高等院校正在从扩张办学规模向提升人才培养质量的道路迈进，正在经历由只专注学生知识技能的培养向更加重视学生心理潜能的开发转变，要完成这样的变化，也必须从总体教育管理理念的革新开始。

一、新时期高等院校学生管理工作面临的新情况

（一）全球化意识和社会主义市场经济对高等院校教育管理工作的影响

全球化意识就是指在世界范围内起作用的正在形成过程中的世界整体意识和全球文明。全球化意识的弥漫和渗透趋势在不断加强。全球化借助网络技术成为一种现实的运动，并在广度、深度、强度和速度等方面都达到了前所未有的程度。实际上，每一个人，不仅是某一个国家的公民，而且是地球村的一个村民，即世界公民。地球上任何地方发生的事件和危机，都可以迅速传遍每个角落。学生的思想也处于一个更加开放的环境，特别是国外敌对势力利用经济、政治、军事优势，加紧对我国实施"分化""西化"图谋措施，利用各种手段和渠道对青年一代进行思想文化渗透。在这种情况下，如何让青年学生充分学习国外优秀文化成果，又能自觉抵制不良思想的侵蚀，是高等院校管理者应当思考的一个重要问题。

随着社会主义市场经济的深入发展和不断完善，我国社会经济成分、组织形式、就业方式、利益关系和分配方式日益多样化，大学生思想活动独立性、选择性、差异性日益增强，这些也使学生管理体制面临新考验。

（二）信息与网络时代对高等院校教育管理工作的冲击

卫星通信、数字化、多媒体和计算机网络等技术的发展，对高等院校产生了巨大的影响，校园的网络化、信息化、智能化、个性化特色，真正突破了传统的教室和校园围墙的界限，使知识的创新、传播、转化和应用的速度变得空前便捷。网络已经促成一所所没有围墙的大学的诞生。信息化、数字化、个性化的社会环境为学生提供了广阔的生活空间，他们获取知识和信息的渠道比前人多得多，获取信息、传递信息的手段比以前更先进、更快捷。外部世界的多样化，再加上学生缺乏辨别是非、认清善恶的能力，最终导致学生对传统文化认同度降低。这对高等院校的学生管理思想、管理体制和管理方法造成了巨大的冲击。

二、新时期高等院校学生管理工作的新思路

（一）树立"以学生发展为本"的教育价值观

教育价值观既体现为学校教育的价值取向和追求，也体现为人们评判学校教育价值有无、高低和大小的重要指标。高等院校的教育价值观表达了高等院校教育活动的最高价值追求，它决定着高等院校育人工作的核心价值行为，当前高等院校育人工作存在的许多问题的核心就是其教育价值观问题，其中也包括大学生心理健康问题。面对大学生心理发展和素质提升的现实需求，高等院校必须树立"以学生发展为本"的教育价值观，以促进大学生教育管理工作。在这里，"以学生发展为本"的教育价值观应包含以下三个含义。

1. 学生的"人的价值"是高等教育价值的中心

理论上人的价值具有个人和社会两个不同属性，在现实中如果人的价值是由他所创造的社会价值而决定的，那么他全面自由发展的水平决定着他创造活动的水平，进而决定着他所创造的社会价值。从这一视角出发，大学生的自我价值同其创造的社会价值应该是统一的，这也就是大学生个体作为目的和作为手段的统一。因此，片面强调大学生个体的价值就是对他人、对社会的贡献，忽视其个人发展的需要甚至否认个人的价值主体地位的教育价值观，就是没有领悟到人的自我价值与社会价值的辩证关系，必然导致高等教育中学生的主体地位被抹杀，使得高等教育成为"无人"的教育，更别说大学生培育了。在当前高等教育领域，许多高等院校仅仅把"以人为本"的理念停留在口头上，还没有真正深入头脑，成为行动。面对各种指标和短期效益，这一理念往往被抛到脑后，这也是导致大学生产生心理问题的根源。因此，无论从哪个方面来说，高等院校教育活动的价值必须以学生的个体发展为中心，也就是以学生的"人的价值"为中心，这是高等院校培育大学生的

前提和基础，脱离这个中心，高等教育活动的社会价值以及经济价值、文化价值等也不可能实现。

2.高等院校教育价值的提升来自学生价值的提升

人通过接受教育获得生活技能和智慧，精神世界将得到进一步丰富和发展，从而使生活更加有意义。教育对人发展的决定性作用表明，教育活动就是为人的发展和创造活动开展和设计的，教育中的所有因素的价值都是在实现人的价值过程中得以显现的。可以说满足大学生身心发展的需要是高等院校教育价值的主要体现。在现实中，文化传承、服务社会、科技创新固然体现着高等教育的价值，但是对于教育价值的整体考量，学生价值的提升才是彰显教育价值的根本，因为人的价值是创造其他价值的基础，所以没有学生的全面发展，没有学生素质的提升，教师发表再多的论文、产出再多的科技成果，都体现不出教育的根本价值，是本末倒置的价值考量，是违背教育伦理原则的价值取向。

3.促进个体和谐发展是高等院校提升学生"人的价值"的根本前提

高等教育的基本功能就是提升人的价值，即提升大学生个体的人格价值和社会价值。在高等教育提升人的价值的过程中，只有首先使其个人潜能和素质得到充分发展才有可能实现其价值的更大提升，从这个意义上说，促进大学生个人的全面发展，是提高其个人价值的根本前提。从教育学意义上理解，大学生的全面发展是指其基本素质的全面发展。正如德国心理学家爱德华·斯普朗格所说："一个真正受了教育的人，不单体会到学识，并能了解经济利益的意义，欣赏美的事物，又肯为社会服务，进而对生存的意义也能彻底体会。"这正是新时期对大学生全面和谐发展的基本要求，也是大学生心理素质发展和提升的内在需求。可见，只有大学生具有了完整人格才能发挥更大的影响力，只有个体的社会价值得到充分展现，大学生才能更加自信、乐观，才能具有发展动力和更强的意志力。

（二）树立正确的高等教育伦理实践效益观

高等教育存在的价值合理性就在于能够依据人的成长发展需要和社会发展客观规律，开展有目的、自觉和能动的教育活动，实现其承载的促进人的全面自由发展和为社会发展培育高素质创新人才的功能。高等院校教育只有在两者之间找到一个相互协调的平衡点，才能很好地完成这两项基本功能，这是高等院校教育伦理实践效益的基本标准和要求，也是保障高等院校有效开展大学生管理培育工作的前提条件。

1.高等教育伦理实践应体现出个体层面的价值功能

高等教育伦理作为一种道德行为规范，起着调节教育活动中教育主体之间关系的作用，它规定着教育主体应该做什么和怎么做的内容，引导教育主体行为以"善"为价值取向，推进受教育主体的全面发展。高等教育伦理作为一种特定领域教育活动的内在善恶规范，对于受教育者应当如何发展、成长为什么样的人，在实施教育行为之前，已经预设好了预期结果和路径，并据此结果和路径组织教育实践，使受教育者在教育实践的影响下形成具有鲜明自我特征的个性品质，并按照预期路径实现个人的自由全面发展，最终成为人性得到全面诠释的真正的人。高等教育伦理作为高等教育主体把握教育实践活动内在本质的特殊方式，还反映着主体行为的价值意识，引导着主体对现实高等教育实践活动的价值选择，对主体的人格完善和发展具有促进作用。

2.高等教育伦理实践应体现出社会层面的价值功能

高等教育伦理作为社会伦理系统的一个组成部分，在对象和内容上包含社会的各个层面，主要是通过受教育的人对社会产生间接导向作用。高等教育的基本功能是培养高素质的创新人才，通过培养人才为社会生产服务、为经济发展服务、为政治活动服务、为文化传承服务等，实现高等教育的经济价值、政治价值和文化价值，即社会价值，因此高等教育伦理的社会价值也要最终通过其培养的人去实现，并体现为一种社会功能。高等教育伦理作为调节教育主体教育活动的道德规范和价值精神，其实现自身社会功能的基本路径就是通过优化教育发展和提高受教育者的整体素质和能力，进而促进社会现代文明的发展。从一定意义上讲，高等教育伦理这一社会功能具有一种特殊的人力资本价值，不但对社会的政治、经济和文化发展发挥着积极作用，而且对个体的自我效能、希望等品质的发展也起着重要且特殊的作用。

高等教育伦理的个体功能和社会功能是不可分割的两个方面，高等教育伦理实践的理想效益就是通过高等院校教育活动使其具有的个体功能和社会功能达到统一，促进两个功能的和谐发展。

（三）凝练全方位育人的学校育人观

高等院校教育过程中包含着很多影响大学生心理问题的因素，如师生互动过程中的人际支持、成就动机的激发、教师个人魅力和教育管理主体素质的影响以及学校制度文化和环境文化熏陶等，这些因素都会对学生心理活动过程产生潜在影响。因此，树立全方位育人管理思想对大学生培育管理起着积极作用。目前，多数高等院校的管理者都认识到了全方位育人的重要作用，但是在如何实现全方位育人、如何通过系统的全方位育人方案提升大学生心理健康和整体素质水平方面还没有成形的思路或做法。在此，高等院校有必要进一步凝练和明确全方位育人的观念，使学校管理架构中的每一个方面都充分发挥自身优势，凝聚成合力，进而促进大学生整体素质的有效提升。

1."全方位"要体现在一个立体的、系统的整体上

高等院校教育过程中包含的影响大学生心理健康的外在因素是多方面的，既有教育者的主体作用，也包含着环境因素。教育主体内涵非常丰富，从广义上讲，教育主体不仅包括教师、后勤人员、管理人员，也包括大学生自身和家长等，但是从直接发挥作用的主体来看，主要体现在辅导员、教师、学生群体和家长等方面。环境因素是影响大学生心理发展的重要外部因素，主要包括非物质环境和物质环境。在这里，环境的创造离不开教育主体的作用，不同的教育主体发挥着不同的积极作用，大学生的外在影响因素充满了复杂性、联动性和特殊性，这就构成了与大学生个体内在因素相互作用的一个外在的立体的整体系

统，在这个动态的整体系统中，每个影响因素在不同时期、不同事件中的作用又不同，它们之间互相促进或者互相抑制。因此，全方位育人就要充分发挥各要素的整体性、联动性和积极性，发挥影响因素的立体作用，不能将各要素割裂开来单独审视，期望其独立发挥作用。

2."全方位"还体现在教育主体影响作用的多面性、复杂性上

在高等院校育人过程中，影响大学生心理问题的因素来自方方面面，呈立体型。就每个因素来讲，它的作用又体现在多个方面，这些作用有可能是互相促进的，也有可能是互相抑制的，并且每一个作用的影响力大小也不尽相同。例如，教师既可以通过良好的师生关系为学生日常生活提供积极的人际支持，进而对学生人格发展产生积极影响，也可以充分发挥自己的才华，在教学活动中充分展示自己的人格魅力感染和影响学生，还可以精心设计教学过程和教学内容，通过教学过程的实施和教学内容的展现影响学生，等等。通过调查发现，在每个教育主体的作用中，人际支持作用对心理问题影响作用最重要，主要包括家长的人际支持、教师的人际支持、同学的人际支持等。因此，全方位育人不仅要体现在育人主体的丰富性、系统性上，还要体现在每一个育人主体作用的多面性、复杂性上，全方位育人要切实考虑到每一个教育主体的育人优势，充分发挥优势作用。

3."全方位"还体现着校园文化作用的立体化

从高等院校育人过程的宏观角度来看，校园文化作用是全方位育人工作的一个方面，它与各个教育主体相互联动。但是就校园文化自身来看，它又是一个由各种因素构成的立体网络结构，既包含意识形态的内容，也包含物质的一面，如校园制度文化、学术氛围、社团文化、校园环境等。这些结构相互作用、相互影响，构成了一个整体，在育人过程中发挥着重要作用。在意识形态方面，有的通过各项制度体现，有的通过行为活动体现，还有的通过校园历史的积淀体现；在有形的物质方面，有的通过校园环境体现，有的通过教学设施体现；等等。无论是物质的还是意识形态的，都通过其特有的方式对大学生的心理活动、思想意识发挥着积极作用，其作用的大小也会因学生群体自身特点的不同而不同、因作用方式和强度大小的不同而不同。因此，高等院校校园文化建设既要考虑不同影响因素的作用方式、作用效果，又要考虑不同大学生群体的自身因素。

（四）创新高等院校生涯教育观

生涯规划能力是大学生应该具备的基本能力，是大学生开展生涯规划的基础，是大学生实现其全面发展的前提条件。高等院校生涯管理就是帮助大学生做好生涯规划，培养大学生生涯规划能力而针对个体开展的一系列影响活动，通过一系列的制度、措施引导和帮助大学生规划生涯，提升其生涯规划能力，使之能够有效规划大学生涯，自觉开发潜能，为以后的生涯发展奠定能力基础。我国高等院校开展大学生生涯教育起步较晚，多数高等院校的生涯教育偏重于职业指导和职业规划，没有形成中国本土化的高等院校生涯管理理念，我国当前高等院校生涯管理仍存在许多问题，高等院校生涯管理工作不能适应大学生

生涯发展需要。因此，高等院校在大学生心理健康培育和提升过程中应创新高等院校传统生涯教育观念，树立生涯管理意识，强化学校生涯管理工作。

1. 高等院校生涯管理的主要任务是培养大学生的生涯规划能力

高等院校生涯管理是指高等院校为实现高等教育的人才培养目标，满足大学生个体全面发展的实际需求，对大学生在校阶段的生涯发展实施的管理和辅导工作，其主要任务是培养大学生的生涯规划能力，具体来讲有以下几个方面：一是培养大学生生涯探索能力和自我经营能力，使学生正确认识自我、了解自我、接纳自我，具有强烈的生涯发展需求，能够清醒地面对未来的职业发展，了解相关职业领域的发展需求和现状，努力学习和充实专业知识，提升职业技能，积极探索发挥自己潜能的有效途径等；二是培养大学生生涯决策能力，使学生在生涯发展的一系列决策过程中，知道如何设定生涯目标和及时调整目标，如何确定自己职业发展方向和未来职业范围，在面对抉择时，能实事求是地看待问题并做出正确决策；三是培养大学生生涯行动及监控能力，使学生在计划执行过程中能够通过有效的时间管理、建立良好的人际关系，积极适应周围环境变化、创造性地解决问题来保证计划实施，及时调整不合理的计划以及就自己发展的不足方面来积极提升自己，以适应生涯发展对个体的新要求。

2. 以"生涯管理"基本理念指导学生开展职业生涯规划

从生涯发展角度来看，大学生正处于对未来职业进行探索的阶段，只凭个人的经验和能力很难对未来职业生涯进行准确定位，开展合理规划。高等院校开展生涯规划指导，可以帮助学生进一步正确认识自己的兴趣、职业意向、职业潜能和职业素养等，使其尽早明确职业发展目标和方向，从而及时调整专业知识结构，弥补实践技能的不足，进一步增强职业综合素质和就业竞争力。因此，生涯管理要从观念上消除把职业指导等同于就业安置或提高就业率的误区，充实就业指导工作内涵，转变就业指导工作思路，把就业指导的重心转向学生生涯规划指导，不断激发学生职业规划的意识，引导和帮助学生选择正确的职业生涯发展路径，以实现学生期望的自我社会价值。

3. 高等院校生涯管理是对学生的教育实践实施的全方位指导

完全意义上的高等院校生涯管理是以生涯辅导为基础的全方位指导，主要包括与学生的个人发展愿望相结合、与学校的整体教学过程相结合、与国家和市场发展对人才的需求相结合三个方面。大学生涯管理是指培养生涯规划能力的教育活动和辅导活动，通过制度建设、计划制订、教育教学活动、师资队伍建设来实现学校影响的目的。例如，学校可以要求专业任课教师将关于学生生涯发展认知、生涯态度等有关内容融入教学内容中，可以要求指导教师将生涯管理的有关要素融入社会实践和第二课堂活动过程中，潜移默化地培养学生的生涯规划意识和能力。

4. 重视高等院校生涯管理的理论研究

近年来，国内高等院校为了适应社会对高等教育人才培养的需要，推动高等院校毕业生就业制度改革，纷纷开始了校园生涯管理的探索。但各高等院校的职业指导工作无论是实践层面还是理论层面，大多数是对国外一些经验的复制和套用，还没有真正从个体全面发展的角度开展大学生涯管理，还需要系统开展职业规划辅导和生涯发展管理研究，需要开展高等院校生涯管理模式、职业心理测试量、就业评价体系等理论层面的探索，建立本土化的生涯发展理论体系。只有开展扎实有效的理论研究才能为高等院校生涯管理实践提供依据并指明方向。

（五）树立科学的生命意识教育观

生命意识是人对自己和他人的生命存在价值的一种认知与感悟。具有良好生命意识的人，热爱生命、珍惜生命，善待自己和他人的生命，对生命及生命关系有一个良好认知，能正确认识、理解、把握自己的生命价值，形成个体完善的人格品质。高等院校生命意识教育的目的就在于使大学生树立良好的生命道德品质，使其能够正确认识和把握生命与人类社会同自然环境的关系，促进各种关系和谐融洽，使自己在追求生命价值最大化的基础上生活得更有意义，更有利于个体全面和谐发展。因此，高等院校生命意识教育的核心内容应该是积极培育大学生的生命道德意识。

人的社会属性决定了其在正常生活中时时刻刻都要与自己、他人、社会环境发生各种各样的关系，在这些互动关系中，每个人都承担着对自己、对他人和对社会的各种责任。在这些责任当中，个体对自己、对他人及对人类生命的责任是最基本、最重要的，也是生命道德的基本要求。对生命的责任意识是生命道德的基本内容，生命道德是调整人与自己生命、他人生命、人类生命以及终极理想之间关系的道德。生命道德源于人对生命的关注，是人们对待生命的德行品质，是调节人们有关生命行为的特殊规范的总和。生命道德的意义在于追求生命神圣、生命质量和生命社会价值的和谐统一，是指导个人处理与自己生命、与他人生命、与人类生命以及与精神生命之间关系的行为规范。生命道德是人的生命关系的应然，心理健康是人的关系世界的实然反映，回归到人的生活世界，两者在本质上具有统一性，都是为了追求人与自我、人与自然、人与社会以及人与精神信仰的和谐关系。这种"关系性"上的统一性，使生命道德成为影响大学生心理健康的重要因素。积极的生命价值观能够引导大学生面对生活中的困难摆脱消极心理状态，积极的生命道德行为有助于大学生获得积极的情绪体验、社会支持和成就感，良好的生命道德品质有利于解决大学生成长中的发展问题，生命意义感能提升大学生的自我价值感和主观幸福感。因此，积极培育大学生的生命道德能够促进大学生心理健康的培育和提升。

第二节　创新大学生教育管理方法

面对当代大学生心理健康现状及其存在的心理问题，高等院校应从实际出发，探索有利于当代大学生心理健康发展的教育管理新方法。创新大学生教育方法要坚持意识形态引导与行为管理相结合、整体性推进与关注差异性相结合、理论研究与实践创新相结合。

一、突出生命价值取向的建构

生命价值取向是一个人确立其与自我生命、他人生命以及自然界生命关系的基础，这些关系直接影响人的性格特征的形成、人际关系的构建以及价值观的确立等，是个体意识形态对心理活动和行为表现具有根本影响的重要因素。因此，高等院校在大学生教育管理中更应突出对大学生生命价值取向的构建，以此促进其心理健康发展。

（一）培养正确的生命意识

部分大学生之所以对来自自身的影响因素敏感性不高，主要是他们获得了家庭和社会的过多关注和关爱，个体缺乏对生命关系和生命价值的真正思考，缺少来自内部的自觉意识。生命意识是人对生命存在和生命价值的认知与感悟，是人在对生命存在的认识和理解的基础上，通过实践活动追求生命关系和谐、生命社会价值延续的自觉意识。大学生具备正确的生命意识，更有利于其清晰定位人生目标，明确生涯发展目标，进而在实现生命社会价值的过程中，实现自身全面发展。因此，高等院校要强化大学生的生命意识教育，帮助他们形成正确的生命意识，具体应从以下四个方面进行把握。

1. 引导大学生树立珍惜一切生命的意识

生命是宝贵的，是个体存在的基础和条件，个体生命的存在也是人类创造和实现一切的先决条件，因此生命意识教育的基础在于关爱、珍惜生命的教育。同时，人的本质不是单个人所固有的抽象物。在其现实性上，它是一切社会关系的总和。珍爱生命不仅是个体生存的需要与权利，更是一种责任与共同生活的基本法则，珍爱生命就是不仅要珍惜自我的生命，更要关爱他人的生命。无视他人生命的人也不可能对自己生命的存在和价值有正确的理解，更不可能有崇高的人格品质。珍爱生命的教育，应当是自我与他人、权利与责任相统一的教育。"出入相友，守望相助，疾病相扶持，则百姓亲睦。"这既是我们中国人追求的道德理想，也是建设社会主义和谐社会的目标之一。人与人之间只有互相关爱、互相尊重，才能真正地去尊重和珍惜生命，尊重他人选择生存方式的自由。教育学生珍爱生命，就是要教会学生认识生命的珍贵，珍惜自我和他人生命的存在，就是要培养学生的生命责任感和对生命的感恩之情、学会关爱、学会宽容，学会共同生活，懂得用爱心去回报关爱。

2. 培养大学生对生命的责任意识

人的社会性本质决定了人在正常生活中，必须与自己、他人、社会发生各种关系，任何人都必须向自己、他人和社会承担自己在社会中的责任。其中，对自己、他人及他人生命的责任是最基本、最重要的，这也是道德的基本要求。对生命的责任意识是生命道德的基本内容，也是一个人社会责任意识的基础和根本。大学生责任意识缺失现象是受多方面因素影响形成的，最重要的是两方面原因。一是学校教育的失误和缺失。大学生生命道德教育一直受到传统道德教育思维方式的影响，内容过于理想化，目标脱离个人的需要和利益，其教育过程互动不够，形式化明显，没有形成完整体系，实效性较差。二是社会环境的消极影响。在当前社会上一些错误认识和不良影响不可避免地会对大学生的思维方式、意识观念、行为活动等造成冲击，自私自利、损人利己、金钱至上等现象依然存在，以人为本、尊重生命、追求生命意义、提升生命价值的良好社会氛围尚有待加强。

3. 引导大学生积极探索生命的意义与价值

人的生命是有价值的，价值是人存在的基础和依据，对人生意义的追求、对生命社会价值的追求是生命价值的最高体现。生命教育应该引导大学生从外在化、功利化、世俗化的目的中解放出来，积极探索生命的意义，努力提升生命价值。生命的意义不仅是指个体生命的意义，也是指人对人类在宇宙中位置的思考，以及对人类"类生命"本质的思索，两者是相统一的。因此，探索生命意义、提升生命价值的教育应包括以下三个方面。一是创造生命价值的教育。人的生命就是意义生命，人是一种价值实体。意义不是客观存在的，它是经过人的主观努力创造的。二是体验生命价值教育。大学生注重自我实现，应积极引导学生认识到自我实现是一个过程，其中那些微小的进步未必会带来权力、金钱、地位等外在价值决定性的改变，但都会给个体带来生命的高峰体验，从而使个体对生命价值的认知发生良好转变，对生命的价值和意义有所领悟。三是引导学生把生命个体价值与社会价值统一起来，体现生命价值的最高形式。人是一切社会关系的总和，是地球村中的一员，将大学生的视野引向整个社会、整个人类和宇宙，将生命个体与社会、与他人、与自然结合起来，才是生命价值的最高体现。

4. 引导学生建立科学合理的生涯发展目标

生命的意义体现在为自己明确的人生目标不懈奋斗的过程中，平时那些生活态度积极、获得较大价值感和成就感的大学生，是有明确的目标并不断向目标迈进的人。生命意识教育内容之一，就是引导学生确立一个正确的人生目标，并鼓励他们为之努力奋斗，在有价值感的活动中体验生命的意义，实现生命的价值。大学生的人生目标既与社会需求相统一，也与个人兴趣、爱好和追求相一致；既有长远、持久的目标，也有短期的实施计划；既包括人生规划，也包括人格完善，是一个身心和谐、持续发展、志存高远的目标。

（二）创新生命道德教育

高等院校生命道德教育在传统道德教育思维方式的长期影响下，教育内容过于理想化、抽象化，教育目标脱离个人客观实际需要和利益，教育过程呆板僵化，互动不够，没有形成完整体系，实效性较差。创新大学生生命道德培养路径应注意把握以下三个方面内容。

1. 加强对"个体"的关注

生命道德教育是重视个体本身的道德教育，需要构建整体性德育体系并调动学生的主体意识和个体意识。传统的道德教育注重弘扬社会或集体的利益，"忘我""无私"的思想受到推崇，其中"忘我"的道德教育更多考虑的是为"他人"的，对个体道德的自主性、生命价值的尊严、自我利益的正当性等没有给予更多关注和应有重视。在现实世界，人既是一个实体，更是一种关系存在，每个人都存在于与他人的关系之中：他人的存在是每一个人存在的条件，个人的发展只有在与他人的关系中才能实现。每个人为了自己，必然要做一些有利于利益相关者的事情，这些人当然是在自己所属群体中生活的人，包括自己的家人、同学、同事等。此时个人的"私"实际上已经不是单纯的"自私"，作为个体的"我"也不再是狭义的"小我"，而是广义的包含其他人利益的"大我"，这种"大我"与单纯"小我"之间直接相关，而不是割裂的、空洞的、排异的。因此，高等院校开展生命道德培育不能只注重为他人、为人类奉献的教育，更应该关注"个体"，个体生命价值、利益在生命道德教育中应同样受到重视。

2. 开展生命叙事活动

所谓生命叙事活动，就是指表达自己生命故事的活动。生命故事是指个体在生命存在与成长过程中逐渐形成的对生命的感受、经验、体验和追求，既包括个体自己的生命经历、生活经验、生命追求，也包括个体对他人生命存在的感受、经验、体验和追求的感悟。生命叙事过程会直接触及个体或个体对他人生命的生活经历、情绪感受、情感表达、生命经验等认知，并再现这些生命经验，触发生命体验，感悟生命意义，有助于大学生对自己生命情绪、情感认知的调节，有助于大学生生命责任感的形成，也有助于大学生正确处理与自己生命的关系。生命故事本身凝结着个人对自己或对他人人生重要经历的理解和经验，生命叙事过程就是将其再次间接呈现出来，在他人讲述的过程中不仅会使自己获得对生命道德关系的新感悟，也会使自己获得一种内在的对自己和他人生命价值与意义的责任感。大学生讲述自己生命故事的过程也是自己对事物、对他人、对自己再认识的过程，可以形成引领自己生命成长的方向。

3. 加强生态道德教育

自然环境是各类生命赖以生存的基础，珍惜生态、保护环境是人类发展和进步的需要，高等院校应从三个方面加强大学生生态道德教育。一是树立崇尚自然、热爱生态的道德情操。随着人们物质生活水平不断提升，追求原生态的自然美已逐步成为人们的审美追求和社会时尚，回归自然、返璞归真是当前人们价值追求的新特点，因此高等院校应该以此为契机把大学生的审美情趣引导到尊重自然、珍惜生态、保护环境等方面来，并使之形成一种校园氛围、校园时尚，内化为大学精神的核心内容，带动每个大学生都养成一种符合生态文明要求的高尚情操。二是唤起大学生关爱生命、善待生命的道德良知。高等院校应该从自然生态伦理视角出发，引导大学生正确认识自然界一切生命存在的客观必然性，在维持人类一定生存质量的同时，敬畏生命，自觉保护身边生命体的基本生存权，维护自然生物链条的完整与和谐。三是培育大学生崇尚勤俭节约的传统美德。在我国现实的国情条件下，盲目追求高消费会给有限的自然资源造成极大的浪费，每个大学生都应以节俭和适度消费为荣，树立这一美德对于社会经济发展和生态环境保护都有着重要的现实意义。

二、凸显大爱精神对校园文化的引领

高等院校大爱精神是高等院校广大师生在生活中表现出来的对自己、对他人、对国家和民族前途与命运的自觉关注、高度负责和无私奉献的精神，是高等院校文化的核心、本质内涵，是指导高等院校各种办学活动的核心精神，是大学生成长的动力和发展的精神源泉，是大学生感受人间大爱、提升领悟社会支持的巨大财富，是大学生培养积极人格品质的优质资源。

（一）在课堂教学中培养大爱精神

课堂是高等院校践行大爱精神的主要阵地之一，在课堂教学中，教师不仅要重视科学文化知识的传授，更要把爱国家、爱民族、爱他人、爱自己、无私奉献、勇于担当的精神和意识融入课堂教学全过程，把大爱精神的精髓与教师的人格魅力和科学知识的吸引力有机结合，潜移默化地影响学生，让每个学生真正了解大爱的精髓，领会大爱的真谛。

（二）在学术活动中培养大爱精神

学术活动是更高层次的实践活动。在大学校园，科学研究工作中有着自己特殊的规律，求真、务实、创新是开展科学研究活动的基本要求。在科学研究中形成的追求真理、宽广包容的精神就属于尊重真理、热爱科学的大爱精神，这种大爱精神会深深感染那些参与科研学术活动的人，潜移默化地培育着每个参与者的大爱意识。因此，在学术活动中培育大爱精神，就是要遵循科学研究发展的规律，崇尚严谨、求真、务实、创新的学术精神，就是要关爱从事科学研究活动的群体，为从事科学研究活动的人创造宽广、包容的学术环境。在科学研究工作中展现出来的追求真理、宽广包容的精神既是爱真理、爱科学、爱师生的高等院校大爱精神在学术研究中的体现，也是高等院校学术创新活动得以顺利开展的必备要素，对培养大学生创新能力和创新精神起着重要作用。

（三）将大爱精神融入制度文化建设

高等院校应把大爱的理念融入校园制度建设之中，积极推动"人性化"的管理模式，通过引导师生广泛参与民主管理来推进学校管理科学化。将大爱精神融入校园制度文化建设中，就是把大爱精神与校园各项规章制度有机结合起来，使制度中饱含着学校对教师和学生的关爱与尊重，通过制度的人性化功能平衡人与人之间的利益，规范每个人的行为，通过制度强化学生自我教育、自我管理的意识，促使师生主动将个人成就、切身利益与学校的发展紧密联系在一起，形成师生与学校互信互爱的氛围。

（四）将大爱精神融入高等院校教师行为文化建设

当前，高等院校行为文化建设的重点应该放在规范教师的行为上来，切实开展师德师风建设。2014 年 10 月，教育部《关于建立健全高校师德建设长效机制的意见》提出，高等院校要积极引导广大教师做党和人民满意的、放心的合格教师，做有社会主义理想信念、高尚道德情操、学识渊博和仁爱之心的好教师，要进一步加强和改进教师的思想道德建设，培养和造就一支思想品德高尚、业务技术精湛、充满生机活力的高素质教师队伍，这对高等院校师资队伍建设提出了新的更高要求。因此，高等院校在贯彻该意见时，应着力塑造教师严谨、努力、乐于奉献的行为品质，让大爱精神体现在每一位高等院校教师的举手投足之间，使每一位教师都能成为为人师表的榜样，成为学生敬佩的力量，默默地感染和熏陶自己的学生，对他们的思想和行为带来积极影响。

（五）将大爱精神融入高等院校环境文化建设

高品位的环境文化不但能够加深广大师生对人生美好事物的感悟，对环境中"美"和"爱"的理解与认同，而且有助于促进大爱精神在校园的传承与发展。因此，高等院校在进行校园硬件建设中，要将大爱的元素和自身办学特色体现其中，用校园环境特有的感染力激发师生的爱校热情，陶冶师生爱自然、爱学校、爱他人、爱科学的良好情操。例如，有的高等院校在图书馆内饰设计上，刻凿有隐喻科技发展促进人类进步的浅浮雕；有的高等院校将大门设计成仿古风格，不仅表现出了浓郁的民族特色，还完美地继承了民族的、学校的良好历史文化传统。这些都是校园建设中融入大爱精神元素的生动体现。

三、注重理论研究对教育管理创新的推动

针对大学生心理问题现状存在的问题，高等院校应重点开展积极心理教育研究和生涯管理理论研究工作，促进高等院校心理教育和生涯管理工作水平进一步提升。

（一）开展积极心理教育研究

近年来，我国部分学者将积极心理学理论扩展、整合至高等院校思想政治教育、心理健康教育等实践性较强的领域，开拓了高等院校积极心理教育的理论研究和实践探索。有学者探讨了积极心理学在大学生思想政治教育中的整合、借鉴与应用；有学者分析了积极心理学与高等院校心理健康教育相结合的必要性，提出了两者相结合的具体设想与方法。

然而，当前高等院校积极心理教育中针对大学生心理问题的理论研究和实践探索方面都比较薄弱，还有许多有待进一步完善和解决的问题以及需要探索和弥补的空缺。一是高等教育领域尚未形成一套成熟的、可以指导高等院校积极心理教育的理论体系，高等院校关于积极心理教育还没有建立一套行之有效的操作模式，研究方法和研究技术亟待整合与发展，研究的内容和领域有待拓展和深化；二是建立在中国文化背景下的本土化研究还有待加强。因此，我国高等院校积极心理教育研究目前还任重而道远，建立完整有效的理论框架、拓宽研究领域、创立和发展新的研究技术、与传统心理教育协调发展以及积极心理教育在高等教育领域的本土化研究等都将是高等院校积极心理教育研究面临的紧迫任务。

（二）加快大学生生涯理论和生涯辅导技术本土化创新

目前，我国开展大学生生涯辅导主要依据国外生涯发展理论和生涯辅导技术，国外的生涯辅导理论和辅导技术为我国高等院校开展生涯辅导工作提供了有益的启示与借鉴。然而，如何将国外的理论和技术更好地应用于中国高等院校的生涯管理，并在其基础之上研究开发中国本土化的生涯发展理论和技术，是高等院校生涯发展理论和技术应用研究的重要内容。

国外理论应用要实现中外价值取向的有机结合。由于受到历史、传统文化等因素的影响，中外价值取向的差异深深地影响人们的思维方式和心理行为。从价值取向来看，一些国家个人的价值和意义被放在首要位置，即个人主义倾向占主导，而在中国传统文化里，集体的价值和意义被放在首要位置，提倡个人服从集体，集体主义始终是价值观念的核心。在高等院校生涯管理工作中一味强调集体和整体，忽视个体的成长发展需要，忽视个体个性的适度发展，就会抑制学生的主动性和创新意识，高等院校生涯管理的实际效果将大打折扣，也背离了当前高等教育改革方向。但是完全引进国外的理论体系，就会造成"水土不服"，引发学生价值观混乱，使这些理论难以在实际中得到应用和发挥，背离人才培养目标和方向。因此，在国外生涯发展理论和技术的应用中实现中外价值取向的有机结合，是当前生涯发展理论和技术本土化研究的主要方向。

开发本土化大学生职业生涯测评系统。科学、客观的自我评估是实施有效职业生涯规划的前提和基础，本土化的专业职业测评更适合中国人的文化和心理特点，有利于大学生更加科学、客观地认识自己。开发本土化、专业化的职业测评系统主要有两项工作：一是要培训和配备专业的人员，以保证测评过程的规范性和结果分析的科学性；二是开发科学的、完善的测评工具，保证测评结果的真实性和可信度。本土化职业生涯测评工具的开发是本土化大学生职业生涯测评系统建设的重点和难点，需要结合我国大学生自身心理特点和我国社会职业环境特征，同时注重实践性、专业性和经济性相结合。

第三节　拓展大学生教育管理途径

面对大学生心理健康发展的要求，高等院校应该进一步拓展大学生教育管理途径，从培养大学生积极心理品质、培养大学生生涯规划能力以及构建来自家庭和同龄人的人际支持机制等方面，为大学生心理健康发展创设良好条件。

一、开展积极心理教育

当前，我国多数高等院校将心理教育的重点放在了普及心理健康知识、解决学生心理问题和预防学生心理危机发生方面，心理辅导和咨询工作也把消除部分学生的心理障碍和预防心理问题发生提升到主要地位，忽视了心理教育开发人的潜能和培养个体积极心理品质的重要任务，关注的对象仅是少数有心理问题的人。高等院校应该大力开展积极心理教育，促进大学生积极心理品质的培养和潜能的开发。

（一）构建积极心理教育课程体系

高等院校心理教育课程应以积极心理学为指导，在课程目标、课程内容、教学方法、教学效果评价等方面进行改革。

课程目标应突出个体发展性。心理教育课程目标应由重点解决部分学生面临的问题走向关注全体学生积极人格的发展。根据积极心理学理论，心理教育的对象是全体学生，课程目标设定应包含心理问题预防、不良心理行为矫正和积极人格品质培育，重点是突出心理教育的发展性功能，要强调如何进一步优化学生心理品质和进一步开发心理潜能，培养学生的积极心理品质、积极情绪体验、积极自我概念、创造性思维品质等，具体包括培养和提升学生的创造性、洞察力、积极情绪、情绪控制能力等各种智力潜能和非智力潜能。

课程内容应与个体发展需求相结合。当前高等院校心理教育课程内容多以大学生常见的心理问题与疾病预防为出发点，以心理问题的症状、成因以及相应的预防和调适技巧为主，具体讲授心理学基本知识、个体心理活动规律、心理问题产生的原因及应对措施等，课程学科化、知识化倾向严重，与学生的实际需求和关注点差距较大，特别是与学生心理健康发展需求相距甚远。积极心理学视野下的心理教育应紧密与学生全面自由发展需求相结合，与学生的积极人格养成相结合，将心理学理论与生活实际相衔接，培育和开发大学生个体和群体的积极品质，最终达到促进大学生个体和群体心理优势形成和提升的目的。我国学者孟万金等人在综合考虑时间因素（过去的、现在的、未来的）、行为类型（生活的、学习的、工作的、社交的）、关系指向（对人的、对事的、对己的）基础上，将14项内容优先列为学校积极心理教育的核心内容，包括增进主观幸福感、提高生活满意度、开发心理潜能、发挥智能优势、改善学习能力、提升自我效能、增加沉浸体验、培养创新能力、优化情绪智力、和谐人际关系、学会积极应对、充满乐观希望、树立自尊自信、完善积极人格。

教学方法应多样化。积极心理学非常重视体验在教育中的作用，认为积极人格形成的最佳途径就是让受教育者在教育和生活中体验积极的情绪情感、认知感悟等心理活动。因此，高等院校心理教育课程中要增加各种体验环节，引领学生体验过去的、现在的积极情绪情感和认知感悟等，领悟未来的美好设计和憧憬，通过体验与领悟过程培养和提升学生内在的积极力量，激发学生的积极性和创造性，进而促进学生积极人格特质的形成和发展。高等院校心理教育课程应注重理论与实际相联系，强调集知识、体验和训练为一体的教学方法，在教学中要注重将知识讲授、行为训练、心理体验等过程有机结合，根据教学内容灵活采用知识讲授、团体训练、案例分析、生命叙事、心理情景剧、团体辅导等教学形式，丰富学生内心体验，让学生在体验中学习、感悟，使其掌握心理调适与激发潜能的技能。

除课堂教学外，高等院校还应该将心理教育拓展到日常生活中，生活中对积极事件的体验与感悟能增加学生的积极情感认知和沉浸体验效果，更有利于学生积极心理品质的形成与发展。

教学效果评价应多元化。人的心理品质是一个内隐、抽象、个性的概念，无法用具体标准来衡量。同样，心理教育课程的教学效果也具有内隐性、抽象性、个别性特征，很难用一个具体的、统一的评估体系进行效果评价。因此，积极心理教育课程效果评价应坚持注重其发展性和过程性，采用多元、动态的评估方式。评估内容要包括基本知识理解和掌握情况、学生积极心理品质形成和发展情况以及实际解决问题的能力提升情况。教学效果评价要突出强调课程效果对受教育者整体性发展的促进情况，重视评价的动态性、情境性，最终实现通过评价全面、客观地反映学生积极心理品质提升情况和心理潜能开发或激发情况等。

（二）开展发展性心理辅导

考虑到大学生心理健康发展需求和影响因素，高等院校的心理辅导也应该改变目前以障碍性心理辅导和适应性心理辅导为主的模式，重点开展发展性心理辅导。发展性心理辅导是指根据个体心理发展的一般规律和特点，结合个体的个性心理特征，帮助和支持个体尽可能圆满完成各自的心理成长历程，使个体能更好地认识自我、接纳自我、调节自我，完善积极人格品质，开发自身潜能。发展性心理辅导的主要任务是对个体的自我意识、情绪调适、意志品质、人际交往与沟通以及群体协作技能进行辅导，培养良好的个性心理品质，提升社会适应能力。

在大学生个体的成长发展过程中，积极人格特质的形成与发展主要是通过内部和外部因素对其所具有的各种现实能力和潜在能力的激发和强化来实现的。当大学生本身具有的某种现实能力或潜在能力在学习和生活过程中不断被激发和强化，逐渐成为一种日常行为习惯时，由这些能力和潜能构成的积极人格特质也就形成或者得到发展。因此，高等院校心理辅导应在积极人格理论的引导下，结合每个被辅导学生的实际情况，激发和强化学生的某些现实能力和潜在能力，或者帮助和支持学生自我激发和强化某些现实能力和潜在能力，达到促进其某些积极心理品质形成和发展的目的。在心理辅导中引导学生进行积极的情绪和情感体验是帮助和支持学生自我激发和强化的主要途径。

二、加强高等院校生涯管理工作

大学生心理健康与大学生生涯规划能力有着密切关系，二者互相影响、互相促进。高等院校生涯管理工作还需进一步加强，大学生的生涯规划能力还有待进一步提升。面对大学生心理健康发展的需要，高等院校生涯管理工作不仅要确立正确的工作指导思想和原则，还要创新和拓展生涯管理的途径。

（一）确立正确的工作指导思想

纵观当代社会人力资源需求趋向，高等院校生涯管理的实质就是对学生能力的培养和训练，主要任务和核心目标是培养和提升大学生的生涯规划能力。强化高等院校生涯管理工作，要积极吸取中国传统文化精髓，充分体现马克思主义关于人的全面发展的观点，树立全程化、全方位开展生涯管理的思想。因此，构建高等院校生涯管理体系要坚持以下四个原则。

第一，坚持学习借鉴国外先进理念与吸取我国传统文化中的朴素思想相结合的原则。国外生涯发展理论引入我国已多年，学者们在本土化研究方面确实取得了一些成绩，但是面对当前经济结构调整的特殊时期和大学生就业的复杂形势，已经取得的成果在解决大学生生涯发展问题中的效果不尽如人意，如何建立中国的生涯管理教育体系再次引起人们的深思。因此，只有将学习借鉴国外先进理念与吸取我国传统文化中的朴素思想相结合，才能构建本土化的高等院校生涯管理理论，开展适合中国大学生的生涯管理工作，主要体现在五个方面：一是德为才之先，在生涯规划与管理上，大学生的成"人"首先是道德品质成人、精神信仰成人；二是在大学生个人生涯规划中要体现出人与环境和谐统一的思想；三是引导学生在生涯规划过程中坚持把个体价值的实现与社会价值的实现相结合；四是引导学生辩证地看待失利，使其认识到人生不能总试图站在最高峰，要知退让、懂权变；五是将生涯管理与人生观和价值观教育结合起来，发挥传统教育作用。

第二，坚持社会需要与个人发展相统一的原则。高等教育具有社会服务功能与个体发展功能，应把满足社会的需要与满足个体发展的需要有机结合起来。社会服务功能主要包括服务和服从于国家社会主义建设中经济发展的需要、民主政治建设的需要和文化发展的需要等，个体发展功能主要包括个人成长的需要、个人职业发展的需要等。高等教育具有的这些功能是客观存在的，但人们对其价值的判断则会因为客观条件和主观认识的不同而存在差异。例如，一些高等院校曾经一度将生涯管理简单理解为"辅导学生如何找一份理想工作""教育学生如何为社会服务"等，导致学校生涯管理工作功利主义思想泛滥，忽视了受教育者的个性化发展。我们要从过去的错误中吸取教训，在生涯管理中引导学生将个体发展与国家和社会发展需求相结合，既要关照个体个性化发展，又要发挥社会主流价值观在生涯管理中的导向作用，要避免学生过度关注当下利益的现象。在高等院校生涯管理活动中只有把社会需要与个人发展相统一，实现组织与个人双赢，才能保证生涯教育的效果。

第三，坚持全程与阶段、全面与重点相结合的原则。高等院校生涯管理的内容十分广泛，其关注的是大学生在校期间和毕业以后个人所拥有的所有职位和角色。因此，高等院校生涯管理是贯穿大学生培养教育全过程的系统辅导体系，必须从其成长发展的客观规律出发，根据其不同阶段心理活动特征和生涯发展特点，制定相应的辅导目标，开展相应的辅导工作，循循善诱、循序渐进地引导和帮助大学生规划和管理自己的大学生涯。在高等院校生涯管理工作中高等院校既要制定针对每个群体的全程辅导目标，又要设计他们在校期间每个阶段的目标；既要广泛开展涉及生涯发展各方面的生涯辅导，又要针对不同阶段的需要开展重点辅导。高等院校只有坚持全程与阶段、全面与重点相结合的原则开展工作才能够真正实现生涯管理目标。

第四，坚持整体辅导与个别指导相结合的原则。大学生生涯发展既有群体共性问题，也存在个体个性差异，因此高等院校生涯管理既要有针对共性问题的辅导，又要有针对群体或个体差异的分类别或个别的指导。在具体实施过程中，对大学生群体普遍存在的生涯发展问题适宜整体辅导，如采取课堂讲授、专题讲座、主题班会等形式；对大学生个体具体生涯发展问题，除进行集体辅导外，还应该注重个体辅导工作，尊重个体差异。个别辅导应该做到具体分析个体的个性特点，有针对性地进行研究和辅导，指导学生发展能力，开发潜能，引导学生发现自己的最佳发展领域，使每个学生都能在这些领域得到最优发展。

（二）拓展高等院校生涯管理实施的途径

生涯管理实施途径和工作方式过于单一是当前我国高等院校生涯教育成效甚微的主要原因之一。因此，高等院校需要通过建立生涯发展课程体系、校园文化建设、专门指导和咨询服务、开发校友资源等多种途径开展生涯教育，发挥综合作用，以达到最佳效果。

1. 生涯发展规划指导课程

开设大学生生涯发展规划指导课程的目的是指导大学生学习生涯规划知识与技能，引导大学生明确自身未来生涯发展方向，帮助大学生设计与规划人生发展道路。当前，我国大学生生涯发展规划指导课程的主要任务有以下五个方面。

第一，正确认识自我的教育。高等院校生涯发展规划指导课程主要介绍自我探索的理论与方法，引导学生深入了解自己的能力及能力倾向、兴趣、个性特点等情况，客观分析、认知自身人生价值取向、职业价值观、生涯发展方向等。学生自我认知与学校、教师、同学等的外在评价相结合的方式，可以帮助大学生客观、全面地认识自己。学生开展生涯探索的基础来自其对自我状况和个人价值观的深入了解，因此自我认知教育是生涯发展规划指导课程的基础内容。

第二，生涯规划意识培养和生涯规划知识教育。大学生是生涯规划的主体，生涯规划意识是他们进行生涯规划的前提，只有充分调动其内在规划需要才有可能产生自我规划的动机。因此，高等院校生涯管理的首要任务是培养大学生的生涯规划意识。生涯规划知识教育主要是让学生了解生涯规划的基本理论，了解各种职业的基本特征和发展趋势，使学生掌握生涯规划的内涵、特性、遵循原则和影响因素，掌握开展生涯规划的基本步骤与方法，为探索科学的生涯发展途径奠定理论基础。

第三，生涯抉择能力的培养。大学生生涯抉择能力在整个大学生生涯规划中起着承上启下的作用，是高等院校生涯发展规划指导课程关注的重要内容。生涯发展规划指导课程要帮助大学生了解生活中各种可能面临的选择，面对决策情境能收集、运用已有资料，权衡各种选择之间的利弊进行生涯抉择，包括职业类别、生涯路线、目标、行动措施等抉择。

第四，职业环境的认知教育及职业素质与适应力的培养。生涯发展规划指导课程要引导和帮助大学生尽可能全面、深入地了解当前的社会环境与职业世界，使其熟悉所学专业涉及职业的发展环境，尤其未来该职业的胜任能力要求、组织发展战略以及经济、政治、文化环境等，使其在知己知彼的基础上增强规划的针对性和有效性。生涯发展规划指导课程还要进行职业劳动素质、职业道德、身心素质等职业素质的培训，引导大学生志存高远又夯实基础，具备良好的职业适应能力。

第五，培养大学生开发自身潜能的能力。开发潜能意识的教育与培训是高等院校生涯发展规划指导课程的重要内容。有心理学家指出，多数人一生只有 4% 的能力能发挥出来，剩余 96% 的能力还未开发。因此，在生涯发展规划指导课程讲授中教师要给予每个学生充分展示的机会，通过施展自身才能，使其认识到自身具有的巨大潜能，这种潜能会存在于各种活动中，潜能的开发对人的成功具有很大作用，在一定程度上决定着生涯目标的实现。同时，教师还要培养大学生在生涯发展过程中发现并发掘个人潜能的能力，使大学生能够自觉开发自身潜能。

2. 校园文化活动

高等院校校园文化活动的内容十分广泛，它通过内容丰富、形式多样的活动对大学生价值观念、道德情操、思想内涵和行为模式的形成与发展发挥着重要的影响。因此，开展丰富多彩的校园文化活动，是高等院校实施生涯辅导和影响的重要途径。就生涯管理来看，开展校园文化活动的形式主要有班会活动、社团活动、社会实践活动等。

第一，班会活动。班会活动是大学校园文化活动的基本方式，也是大学生自我教育的重要阵地，它不仅具有教育功能，还具有娱乐等功能。班会活动是大学生创新活动的乐园，主要包括模拟表演、分组竞赛、相互咨询、专题报告、节日纪念、现场体验、经验交流、专题辩论、实话实说、总结归纳等形式，它能够吸引广大学生积极参与，调动学生的积极性和创新性。体验式情境培训已经成为班级生涯指导的一种创新形式，受到大学生的欢迎。体验式情境培训是近年来一些高等院校主题班会开展生涯指导的创新形式，是大学生通过设计职业生涯活动模型和模拟职业活动获得新的知识、工作技能、工作态度的方法。教育心理学相关研究表明，体验式情境培训给学生带来的知识掌握程度要远远超过传统意义上的教学活动。体验式情境培训包括情景活动、角色扮演等方面，让学生能通过亲身体验在较短时间内获得最多的经验。

第二，社团活动。学生社团是自发的有特定活动内容的学生组织，它们实行自我管理、自我服务体系，受学校团组织的统一监管。高等院校社团活动是参与人数最多、活动范围最广、内容最丰富的学生校园活动，有效地丰富了大学生活，深受广大学生的青睐，已成为大学生展示自己才华的重要载体和校园文化的主力军。高等院校应将生涯辅导的有关因素有机融入学生社团活动，通过营造生涯发展氛围，发挥社团活动在大学生生涯教育中的载体作用。社团活动对大学生的全面发展有多方面的意义，综合来看主要有三点：其一，学生可在社团学到人际关系技巧与领导技巧，并能够有机会展露自己的才能，这些有助于其日后的职业生涯发展；其二，参与各种活动与人际交往有助于学生了解自己、确立志向、实现自我发展；其三，参与各种有趣的活动可使学生得到情绪的释放与满足。通过社团活动这种无压力的形式进行生涯教育，无疑会让学生感觉更为从容自如。研究表明，参与社团时投入越多、贡献越大者，其学习和成长收获越丰厚。因此，高等院校应鼓励大学生积极参加学生社团，以提升自身发展能力。

第三，社会实践活动。社会实践活动有利于培养和提高大学生实践能力和职业技能。大学生在社会实践活动中既磨炼了意志、锻炼了能力、了解了社会，又能对所学专业应用前景以及与理想职业匹配情况有一个感性认识，促进其积极构建与理想职业需求相符的能力结构、知识结构。在实践活动过程中，大学生既可以体验和感悟职业岗位需求变化对职业能力的影响，根据变化适时调整职业生涯发展计划和职业生涯目标，还能够了解当下人才市场对基本职业能力和基本职业素质的要求，明确努力方向，提高行业关注度和敏感度。因此，要充分利用各种资源搭建实践锻炼平台，为大学生创造更多接触社会、了解社会、锻炼能力的机会，如开展大学生志愿者活动、"三下乡"活动、社区咨询服务活动等有明确目标的社会服务性实践活动。

3. 开展生涯规划咨询

高等院校生涯咨询是高等院校为了满足大学生生涯发展需要组织开展的一种由专业人员参与的咨询指导服务，目的是帮助学生提高自我认知能力和自助能力，指导学生求职，帮助学生做出生涯决策，最终促进学生的职业成功与生涯发展。

第一，建立咨询室，开通咨询热线。建立生涯规划咨询室，开通生涯咨询热线，为学生提供生涯规划辅导服务是高等院校生涯管理的工作形式之一。高等院校的生涯规划咨询应包含生涯发展咨询和心理咨询，由经验丰富的专业咨询人员从事这项工作。生涯发展咨询则以发展心理学、成功心理学、人力资源管理学为理论基础，开展生涯发展与规划的咨询服务。生涯发展咨询的形式主要有面对面个别咨询、团体咨询和电话咨询。

第二，建立生涯资料袋。通过为学生建立生涯资料袋，为其生涯规划和发展提供帮助与指导，是高等院校生涯管理工作的基本任务之一。其主要是利用人格测验、能力测验、职业兴趣测验等专业测试工具定期为大学生开展测量服务，帮助大学生进一步了解自己的职业兴趣、能力倾向、个性特征、社会态度等个性特点，并整理这些信息资料，建立个人生涯资料袋，为将来学生了解自己和指导教师研究指导学生做参考。高等院校一般在大一和大三分两次定期开展专业心理测试，第一次心理测验是为了了解学生基本状况，第二次心理测验是为学生职业选择提供参考。学生在校期间，其生涯资料袋应不断丰富且充实，高等院校应将学生参与职业辅导、参加职业活动以及能够反映个体职业心理发展特征的资料均保留下来，以便为将来帮助学生进行职业选择提供依据。

4. 开发校友资源

校友是学校的一笔宝贵财富，他们不仅传承着学校的历史文化，更有着丰富的社会阅历、生涯发展经验和优秀的社会资源。邀请事业、学业有成的校友与学生交流，向同学们传授经验，能够发挥其榜样和示范作用，激发学生的探索欲望和创新意识，有利于引导学生积极主动借鉴校友的成功经验，科学合理地规划职业定位，纠偏避误，扬长避短，更好地适应社会发展需求。

三、构建积极人际支持机制

从调查数据来看，在对大学生心理健康具有重要影响作用的 10 个因素中，人际支持因素排在第一位，来自家庭的、同学的和知心朋友的信任、帮助、理解、关心等对大学生心理健康的影响最为明显。因此，在大学生教育管理过程中积极构建来自家庭和同龄人的人际支持机制就显得非常重要。

（一）建立促进家庭支持的沟通机制

对大学生心理健康影响因素的调查分析显示，"从家庭成员处得到理解、支持和帮助"一项影响力得分最高，这说明来自家庭的影响和支持对大学生心理健康发展有着重要影响。许多学者的研究也表明，父母的理解与支持对大学生人际信任、乐观品质、韧性品质、主观幸福感等都有显著影响。

家庭是大学生自出生以来成长生活的地方，大学生与家庭成员有着深厚的感情和不可替代的信任感，大学生无论是经济上还是心理上都与家庭保持着密切联系，在大学生心理健康发展中家庭应该发挥其必不可少的作用，因此高等院校积极促进学生家庭成员对大学生的理解和支持，也是大学生心理健康教育不可或缺的重要举措。

通过适当方式让家庭成员了解学校和学生。在信息技术发达的今天，距离已经不再成为沟通的障碍，学校可以通过学院网站专栏、QQ 群、微信等方式，与学生家庭开通联系通道，定期把学生所在学院或专业的教学、科研、学生工作等进展情况，学生积极参与上述工作取得业绩情况以及学科发展情况和专业的社会需求情况传递给学生家庭，让家庭成员了解学生的学习生活状况，了解学生未来职业发展情况以及学生将会面临的各种挑战等，增强家庭成员对大学校园生活和未来发展的全面了解，提升家庭成员对学生的理解、关怀与支持。

定期开展不同形式的家长论坛。大学生来自五湖四海，学生家长的受教育程度、生活经历、认识问题的角度、子女教养方式等都存在着很大差别，他们对高等教育认识和了解程度差异也很大，对大学生的成长与发展的关注程度和层次差异也很大。面对这样一种现状，学校与家庭之间如果只有单向的信息交流，收效便不会显著。学校还必须通过多种途径和多种形式与学生家庭成员进行交流互动：一方面调动家庭成员关注学校教育、关注学生成长的积极主动性；另一方面深入了解学生与家庭成员的沟通联系状况，引导家庭成员给予大学生更多的理解、支持和帮助。具体途径和方式包括举行网上视频论坛、召开年度部分家长见面会、利用寒暑假进行家庭走访等。

开展针对家长的专项教育咨询服务。由于不同学生家庭成员的整体素质水平不同、经历不同、家庭情况不同，学生与家庭成员的沟通情况也不尽相同，得到家庭成员的理解、支持和帮助的程度也不相同。学生遇到问题可以到学校的专门咨询机构来寻求帮助，但是，单项解决问题的效果会大打折扣。因此，学校要开展家长专项咨询服务，由专门的工作人员和辅导员或学生任课教师来参与服务，为那些与学生交流问题的家长提供帮助，帮助其与学生重建较好的沟通渠道，达到互相理解，使学生能够感受到来自家庭的温暖。

（二）引导学生群体开展互助活动

大学生群体年龄相仿、生理与心理发展特征相近，在学校朝夕相处，相互之间沟通和帮助便利，更容易相互接受和理解，因此引导学生开展互助活动，有利于大学生获得人际支持，增强自信心，促进自我接纳。同学之间的互助主要包括学习与生活方面的互助和心理互助。

指导学生组织开展面向广大学生的志愿服务。目前，高等院校学生群体中的学生组织（这里是指正式组织）主要有党组织、团组织、学生会、班委会以及各种社团，这些学生组织在配合学校管理、丰富校园文化生活以及开展社会志愿服务方面发挥着积极作用。但是这些志愿服务的内容主要是对社会弱势群体的帮困活动，对本校内同学之间开展的志愿服务活动普遍关注较少。因此，学校应该积极引导校内的学生组织在同学之间开展志愿服务活动，同学之间的志愿服务活动有别于针对社会开展的志愿服务活动，体现为一种群体内的互助，主要包括以下四个方面：一是在生活适应方面的帮助，主要体现为对出现生活不适应情况的同学的帮助；二是在学习方面的帮助，主要体现为对那些专业学习确实有困难学生的帮助；三是家庭生活方面的帮助，主要体现为对家庭有后顾之忧或者是经济困难学生的帮助；四是职业发展方面的帮助，主要体现为对那些自我规划能力不足、择业与就业困难学生的帮助。

组织开展学生心理互助活动。学校组织大学生开展心理互助活动主要可以通过"隐蔽式"心理互助和朋辈心理互助的方式开展。"隐蔽式"的心理互助活动主要是通过学生之间匿名沟通的方式，告诉别人自己在心理上存在的某些障碍，以获得大家共同帮助的方式。"隐蔽式"的心理互助活动可通过下步骤来实现：第一步，学生以匿名的方式写下自己心理上的困惑和烦恼，由年级或者是班级几位同学进行收集和整理，这种方式可以消除学生对隐私泄露的担忧和顾虑；第二步，将收集整理的咨询信件以随机分发方式再发给每一位参与者，这样每位参与者都可以收到一封他人的咨询信，根据咨询信上的困惑，通过自己的理解写下自己的建议；第三步，将同学们写好建议之后的信根据每位同学对应的代号反馈给每一位同学；第四步，对反馈回来的各种建议进行归纳总结，提炼出比较典型的案例，然后组织小组讨论这些案例，以提高每位参与者对这些问题的认识。朋辈心理互助是指同龄人之间进行的心理辅导。具体做法是学校面向学生群体招募朋辈辅导员，学生自愿报名参加，对招募来的符合基本要求的志愿者进行系统专业培训，经考核合格后，这些志愿者根据自己所掌握的专业知识为需要帮助的学生提供一些专业性的建议或指导，使受助者开阔思维、缓解压力，摆脱心理困境。

参考文献

[1] 周珊珊，朱坚真，刘汉斌.海洋经济管理教育教学创新模式研究 [M].广州：中山大学出版社，2022.

[2] 面向公众的生态文明教育模式研究课题组.生态文明教育模式研究 [M].北京：中国林业出版社，2022.

[3] 韩佳伶.智慧课堂背景下混合式教学模式改革研究 [M].长春：吉林大学出版社，2022.

[4] 史建芳，张琳君."互联网＋"时代高校学生管理模式的变革与创新 [M].北京：中国华侨出版社，2022.

[5] 刘德建.智能技术促进高校教育教学创新研究 [M].北京：科学出版社，2022.

[6] 邱向英.高校预算管理模式创新研究 [M].北京：中国纺织出版社，2021.

[7] 刘晓红，仁孜泽仁，戚兴宇.大数据时代的管理教育改革与创新 [M].成都：西南财经大学出版社，2021.

[8] 杨宗凯.教育新基建高质量教育体系的支撑力量 [M].北京：科学出版社，2021.

[9] 梁丽肖.教育信息化背景下高校管理机制探究 [M].长春：吉林人民出版社，2021.

[10] 刘青春.信息时代高校学生管理模式的转变及创新 [M].沈阳：辽宁大学出版社，2021.

[11] 钟亮.现代高校教育之理性思考 [M].长春：吉林人民出版社，2019.

[12] 陈攀峰.新时代高校继续教育创新研究 [M].长春：吉林人民出版社，2019.

[13] 王涛.新时期高校教育管理模式探析 [J].科教文汇（上旬刊），2020(9)：1–3.

[14] 杨帆.当代高校教育管理模式的改革与创新 [J].科学大众，2020(8)：289.

[15] 马媛媛.国内外高校教育管理模式的比较研究 [J].科学咨询（科技管理），2022(10)：21–24.

[16] 韩志强.基于"互联网＋"的高校教育管理模式创新与启示 [J].中国管理信息化，2022(4)：199–201.

[17] 于兰印.信息化时代高校教育管理模式的构建 [J].知识窗（教师版），2022(7)：3–5.

[18] 邢亚男，杨琼.基于社会需求的民办高校教育管理模式创新 [J].世纪之星（交流版），2022(5)：163–165.

[19] 刘小敏.教育信息化提升高校教育管理模式的路径 [J].教育信息化论坛，2021(4)：38–39.

[20] 张璐，王成林．构建创新的高校教育管理模式 [J]. 活力，2019(2)：203.

[21] 董硕．高校教育管理模式现状及实践创新研究 [J]. 亚太教育，2021(17)：42–43.

[22] 郑旭云．论大数据背景下高校教育管理模式 [J]. 传播力研究，2020(13)：157–158.

[23] 贾爽爽．大数据时代高校教育管理模式的探索与创新 [J]. 环球市场，2020(15)：280.

[24] 褚云鹤．创新高校教育管理模式的探索与实践 [J]. 管理观察，2018(17)：127–128.

[25] 骆小虎，陈凌婧，朱玉清．数字化改革背景下高校教育管理模式的改革与创新路径研究 [J]. 教育观察，2022(4)：17–19，30.

[26] 施予恒．以人为本理念下高校教育管理模式创新路径 [J]. 淮南职业技术学院学报，2022(2)：111–113.

[27] 饶丽丽．基于"互联网+"的高校教育管理模式创新策略 [J]. 现代经济信息，2019(5)：475.

[28] 吴为灼．新形势下高校教育管理模式的创新 [J]. 美眉，2022(15)：47–49.

[29] 张淑梅，方茁．普通高校成人教育管理模式比较研究 [J]. 江西社会科学，2001(04)：170–173.

[30] 朱肖川．论远程教育高校动态资源管理模式 [J]. 开放教育研究，2008，14(3)：5.

[31] 苏朝晖．高等学校建立院级管理模式的探讨 [J]. 国家高级教育行政学院学报，2001(2)：4.

[32] 徐海涛．浅谈知识管理模式下高校图书馆学科馆员继续教育 [J]. 科技管理研究，2011，31(3)：3.

[33] 时长江．高校学生社区教育管理模式的构建 [J]. 高等工程教育研究，2004(5)：71–73.

[34] 刘增洋，李静，黄曼琳，等．新时期学生党员教育管理模式实践探索 [J]. 教育研究，2021，4(4)：128–130.

[35] 冯绪猛．人本理念下的高校教育管理模式创新路径——评《区域高等教育国际化研究》[J]. 中国教育学刊，2022(1)：1.

[36] 赵奇栋．新时代背景下我国教育管理模式发展探究——评《基于大数据的高校教育管理研究》[J]. 中国教育学刊，2021(4)：1.

[37] 刘亚荣，李志明，唐宁，等．高校校院两级管理模式研究 [J]. 教育与经济，2010(2)：4.

[38] 蒋威宜．美国高校学生管理模式述评 [J]. 教师教育研究，1994(5)：71–76.

[39] 周跃红．谈高校教学管理模式变革与系统创新 [J]. 中国高教研究，2001，000(006)：73–74.

[40] 张旸．中国高等院校设计教育教学管理模式探讨 [J]. 艺术百家，2014，30(6)：2.

[41] 王丽丽．实践教学管理模式创新对高校思政教育的影响 [J]. 山西财经大学学报，2021，43：4.